एफ़. ओ. ज़िन्दगी

एफ़. ओ. (फालतू ओवरसेंसिटिव) ज़िन्दगी

एफ़.ओ. ज़िन्दगी

एफ़.ओ. (फालतू ओवरसेंसिटिव) ज़िन्दगी

जयंती रंगनाथन

Nine BOOKS
साहित्य के नवरस

साहित्य के नवरस

4695, 21-ए, दरियागंज, नयी दिल्ली 110 002

फ़ोन : +91 11 23273167 फ़ैक्स : +91 11 23275710

sales@vaniprakashan.in

F. O. JINDAGI

by Jayanti Ranganathan

ISBN : 978-93-89012-16-3

Novel

प्रथम संस्करण 2020

मूल्य : ₹ 299

सिटी प्रेस, दिल्ली-110 095 में मुद्रित

नाइन बुक्स (साहित्य के नवरस)
वाणी प्रकाशन का पॉपुलर उपक्रम

समर्पण

इंडियन कॉफ़ी हाउस की वेज कटलेट, भिलाई सेक्टर चार मार्केट की पालक की चाट, मुम्बई के किंग्ज़ सर्कल के शॉन रेस्तराँ की पाव भाजी और दिल्ली के बर्कोस रेस्तराँ के वेज फ्राइड राइस और रेड थाई करी के नाम...इन स्वादों से मिलकर बनी मेरी ज़िन्दगी और तय हुए कुछ खट्टे–मीठे, तीखे–चटपटे फलसफ़े, क़िस्से और कहानियाँ... ये सफ़र यूँ ही जारी रहे, आमीन...

इति : बड़े पंगे हैं ड्रामा क्वीन की लाइफ़ में

कौन कहता था कि वह पूरी ड्रामा क्वीन या एन्थू कटलेट है? उसे अन्दर–बाहर से इतनी अच्छी तरह से जानने वाला शख़्स मसख़रे मोनू के अलावा और कौन हो सकता था?

दस साल पहले, लाइफ़ के कुछ अलग मायने थे। लगता था, वह कुछ भी कर सकती है। कुछ भी। हँसकर, इतराकर, चप्पू भरी बातों से, ज़िद करके, अकड़कर, रोकर, आँखें सुजाकर, गाल फुलाकर... थप्पड़ मारकर!

बाईस साल की इति। ख़ुद को ख़ूब से ज़्यादा सुन्दर मानने वाली। मोनू ही नहीं, तमाम दोस्तों को जूतों की नोक पर रखने वाली। लेकिन कुछ तो था इति में, जो उसके सभी दोस्त गुड़ पर मँडराने वाली मक्खियों की तरह खिंचे चले आते थे उसकी ओर। वह छल्लेदार बातें करती थी। ज़रूरत पड़ने पर हाथ भी बढ़ा देती थी। दोस्तों के साथ ढेर सारा वक़्त बिताती थी। रात–रात भर पार्टी करती थी। जिन दोस्तों को अपने घरों में छूट नहीं थी, वे उसकी शरण में जाते थे। दिलदार कहते थे उसे। वह मुस्कराती, आँखों तक खिंच आयी मुस्कान। उसे भी सबकी तरह लगता था कि उसके साथ कभी कुछ ग़लत हो ही नहीं सकता। उसे हमेशा द बेस्ट ही मिलेगा। दूसरों से कहीं बेहतर, दूसरों से कहीं ज़्यादा।

ओह, तो चूक कहाँ हो गयी! किससे हो गयी? कैसे हो गयी?

आज बत्तीस साल की इति राजधानी में एक पुरानी–सी बिल्डिंग के चौथे फ़्लोर के टू बीएचके फ़्लैट में रहती है, अपने मम्मी–पापा के पुराने फ़्लैट में। बिल्कुल अकेली। आसपास बस दोस्त के नाम पर गिनचुन कर एक मोनू है... बाक़ी सभी गुज़रे ज़माने की बात हो गये। दस साल, लगता है बहुत जल्दी गुज़र गये होंगे। लेकिन ऐसा है नहीं। बाईस से बत्तीस सालों के बीच के दस सालों के गुज़रने में हज़ारों साल लगे हैं। हज़ारों हज़ार साल। बीच में है इति और उसके हाथ से फ़िसलती नामाकूल ज़िन्दगी।

सुबह से उसके घर के फ़ोन पर किसी अनजान नम्बर से कॉल आ रहा है। ट्रू कॉलर में किसी पुलिस वाले का नाम लिखा है, कोई सिंह। वह क्यों उठाये? दस–बारह बार के बाद उठा लेती है।

सिंह, नाम से लगता है आवाज़ रोबीली होगी, पर एकदम पतली और किरकिरी–सी आवाज़।

'आप मिसेज़ राज बोल रही हैं?'

'या...।'

'आपके हस्बैंड कल जेल से छूट रहे हैं। इसलिए...'

दस सेकेंड के लिए मुर्दनी चुप्पी पसर गयी। फिर उसने कहा, 'ओह, कल? लेकिन, आइ मीन इतनी जल्दी? अभी तो दो साल बाक़ी हैं!'

सिंह साहब शायद नाराज़ हो गये हैं। शायद उनको पता ही नहीं कि उस आदमी को तो इति ने ज़िन्दगी से बहुत पहले डिलीट कर दिया था। कंट्रोल–जेड–डिलीट जैसा कोई ऑप्शन ही नहीं छोड़ा।

'मिसेज़ राज, कल आप सुबह आठ बजे तिहाड़ पहुँच जाइए। उनका जो भी हिसाब–किताब होगा...'

'आप उन तक मेरी एक बात पहुँचा सकते हैं?'

'आप ख़ुद कल आकर बात कर लीजिए। मेरा काम...'

'टेल हिम, गो टू हेल!'

वह शायद कुछ ज़्यादा ही ज़ोर से चिल्ला उठी थी। इति के लिए चिल्लाना कोई नयी बात नहीं थी। पर एक सामान्य चीख़ से भी तेज़, तीखी, गले से, पेट से, दिल को चीरकर निकली आवाज़। ऐसी आवाज़ के बाद देर तक गला फटा–फटा रहता है, साँसें बन्द–सी होने लगती हैं, दम घुटा–घुटा सा लगता है।

इति लगभग पस्त–सी कारपेट पर औंधे मुँह लेटी थी। गौरव आज उसकी ज़िन्दगी में वापस कैसे आ सकता है! नहीं, जो कुछ थोड़ा–बहुत सुकून बचा है ज़िन्दगी में, उससे वह किसी भी तरह का समझौता नहीं कर सकती।

सुन्न पड़ रहा है इति का शरीर। इतनी ताक़त भी नहीं कि उठकर अपने लिए एक कप चाय बना ले। फ़ोन की घण्टी बजे जा रही है। अब कौन है?

उठने का मन नहीं है। वह चुपचाप पड़ी है, ज़मीन पर। कुछ देर बाद आंसरिंग मशीन चलने लगती है, पहचानी हुई आवाज़...

वह चिहुँककर उठ बैठती है :

स्रुति, आप घर पर हो क्या? हम कल घर आ रहे हैं। तबीयत ठीक नहीं है हमारी। वाइरल है। डोंट वरी। हमें लेने आने की कोई ज़रूरत नहीं है। आ जायेंगे। आप घर पर रहियेगा ना...

गौरव की आवाज़। चाहे यह आवाज़ कहीं से भी आये, वह धोखा नहीं खा सकती। दो पल लगे उसे समझने में, गौरव ने इति नहीं, स्रुति कहा है। आंसरिंग मशीन का टेप दसियों बार सुन लिया। स्रुति ही है। बिहारी लहजे में बोला गया स्रुति।

वह पूरी तरह उठकर बैठ गयी। गौरव स्रुति से कह रहा है कि वह कल घर आयेगा। उसकी छोटी बहन से। उसका पति, जिसके हाथों उसके पापा का क़त्ल हुआ, वह उसकी छोटी बहन से कह रहा है, वह कल घर आयेगा? उसके घर?

2007, दस साल पीछे।

इति ने एक सप्ताह पहले एम.ए. का फ़ाइनल एग्ज़ाम दिया है। घर में अजीब–सा माहौल है। उसके पापा इन्दर सलूजा ने उत्तर प्रदेश विधान सभा से चुनाव जीत लिया है और एम.एल.ए. बन गये हैं। बहनजी की पार्टी की ज़बर्दस्त जीत। सुबह से फुल वॉल्यूम में टीवी चल रहा है। फ़्लैट के दो कमरों में घमासान मचा हुआ है। भीड़–सी लग गयी है। पैर रखने के लिए भी इंच भर की जगह नहीं। पापा भाँगड़ा कर रहे हैं, मम्मी साड़ी का आँचल सिर पर फहराते हुए हिलक–हिलक कर नाच रही है। हर तरफ़ रंग और लड्डू की फुहार हो रही है। इस शोर–शराबे से बच कर इति छत पर निकल आयी है। पुरानी बिल्डिंग की छत पर टीवी के डिश, कबाड़ से बचती हुई, एक अधूरी–सी लड़खड़ाती टेबल पर टिक गयी है। हाथ में मोबाइल। कानों में इयर फ़ोन।

गौरव सुबह से चार–पाँच फ़ोन कर चुका है। वह आज ही पापा से आकर मिलना चाहता है। इति किसी तरह उससे कहना चाहती है कि आज नहीं, प्लीज़ आज शादी की बात मत करना। पापा अलग मूड में हैं। बस आओ, बधाई दो, सबके साथ मिठाई–शिठाई खाओ।

नहीं, गौरव ने ठान लिया है। छह महीने बाद वह कनाडा जा रहा है। शादी करके इति को साथ ले जायेगा। ऐसा नहीं है कि वह उससे शादी नहीं करना चाहती, कनाडा नहीं जाना चाहती। पर ऐसा लग रहा

है कि सब कुछ बहुत जल्दी हो रहा है। उनको थोड़ा रुकना चाहिए। पापा अभी–अभी चुनाव जीते हैं। अभी तक तो उसने एम.एल.ए. की बेटी होने के ठाठ भी नहीं देखे।

गौरव कुछ भी सुनने को तैयार नहीं। इति ने आख़िरकार कह ही दिया, 'ठीक है बाबा। आ जाओ। पर बेबी, मौक़ा देखकर बात करना। आते ही एकदम से पटाखा बनकर फूट मत जाना।'

वह छत पर खड़ी होकर गौरव का इन्तज़ार कर रही है। दूर से दिख जाता है वह। नारंगी रंग के कुर्ते में मोटरसाइकिल के पीछे बैठा है, बाइक उसका दोस्त मोनू चला रहा है। इति लपकती हुई सीढ़ियाँ उतर रही है। कहीं गौरव पापा के सामने कुछ अंड–बंड न बक जाये।

पापा–मम्मी दोनों नाराज़ हैं उससे। पापा से ज़्यादा मम्मी।

'ये कोई बात हुई? कोई भी लड़का आकर कहेगा शादी के लिए तो मान जायेंगे क्या?' मम्मी के सुबह वाले तेवर नहीं गये थे। आख़िरकार एमएलएआइन जो बन गयी हैं।

'ममा, गौरव कोई भी लड़का नहीं है। मैं उसे दो साल से जानती हूँ। हमने डेट किया है। मुझसे सीनियर था कॉलेज में। प्रॉब्लम आप लोगों की है। घर में ब्वॉयफ्रेंड को लाने दिया होता तो....'

'चुप। कुछ नहीं सुनना।'

'ठीक है। फिर मैं भाग जाऊँगी उसके साथ। तब क्या करोगी?'

मम्मा का मुँह एक सेकेंड को खुला रह गया। फिर उसकी पीठ पर धौल जमाती हुई बोली, 'जा भाग जा। मर।'

इति और मरेगी! ना। बाईस साल की उम्र में जब वह अपने प्रेमी के साथ एक नये सफ़र पर जाने को बेताब थी, तन–मन भीगा–भागा रहता था, हर समय दुनिया की ऐसी की तैसी करने को मन उमगता था, उस समय मरने की बात!

ममा को पटाना आसान था। पर पापा को नहीं। पापा से उसे एक शानदार शादी करवानी थी, कनाडा जाने का एयर टिकट लेना था! उन्हें नाराज़ करने का मतलब था, इन सबसे हाथ धो बैठना।

पापा तो उसी दिन लखनऊ चले गये। जाते–जाते मम्मी से कह गये, 'इति पर नज़र रखना। इस समय लड़की कुछ ग़लत क़दम उठायेगी,

तो मेरी इमेज़ पर बट्टा लग जायेगा। बहनजी को ये सब बातें बिल्कुल पसन्द नहीं हैं।'

इति को बन्दिशों की परवाह कभी नहीं रही। बहुत छुटपन का तो याद नहीं, पर जब से होश सँभाला, ऐसा कोई काम नहीं किया, जो उसकी मर्ज़ी का न हो। साम–दाम–दण्ड–भेद, इसका मतलब भले उसे न आता हो, पर अपनी ज़िन्दगी में इस फंडे को कैसे उतारना है उसे अच्छी तरह आता था। किसको कैसे चाबी देनी है, कहाँ से खींचना है, दबाना है, बड़ा करना है, छोटा करना है, इस आर्ट में वह गले तक पारंगत थी।

पापा के लखनऊ कूच करने के कुछ दिनों बाद ही वह भी पहुँच गयी लखनऊ। यह कहते हुए कि पापा अकेले हैं, उनकी देखभाल कौन करेगा? पापा उसे देखकर चौंके ज़रूर, पर जल्द ही उसे अपना सेक्रेटरी बना लिया।

एम.एल.ए. पापा की नेता बेटी। सफ़ेद चूड़ीदार–चुस्त लम्बी कमीज़ और जयपुरी जैकेट में वह करीना कपूर से कम नहीं दिखती थी। पापा की क्वालिस गाड़ी में बड़े शान से आगे बैठती। पापा का बॉडीगार्ड पीछे बैठता। पापा की डायरी, मोबाइल, लैपटॉप वही सँभालती। इन्दर सलूजा को अपनी बेटी से यही तो चाहिए था। उनकी जागीर सँभाले। अब तक तो टुच्ची–फुच्ची नौकरी और कुछ जुगाड़ के सहारे ज़िन्दगी एक मारुति और टू बीएचके तक सिमटी हुई थी। दोनों बेटियों की शान से शादी करने का सपना था। पॉलिटिक्स में आने के बाद लगता था यह सपना अब सपना नहीं रहेगा। बहुत जल्द हाथ बढ़ाकर आसमां छू लेंगे।

इति उनका गुरूर थी। गरजती–बरसती, तेज़–तर्रार और उन्हीं की तरह हर दर्जे की प्रैक्टिकल। इति को लखनऊ में देखने के बाद उनके अन्दर की उमंगें सिर उठाने लगी थीं, कल या परसों बेटी को भी राजनीति में ले आयेंगे।

इन्दर जी को अभी घर अलॉट नहीं हुआ था। गोमती नगर में एक गेस्ट हाउस में डेरा डाला था। रात को पापा के सो जाने के बाद इति मोबाइल लेकर बरामदे में आ जाती और पेप्सी की बोतल घूँट–घूँट पीते हुए घण्टों गौरव से बात करती रहती। गौरव बेचैन होने लगा था। पापा के साथ

उसकी पहली मुलाक़ात फ़्लॉप शो साबित हुई थी। उस दिन शायद पापा से मिलने से पहले गौरव ने एक बोतल बियर चढ़ा ली थी।

पापा से हाथ मिलाने के बाद ही उसकी जीभ सरसराने लगी। वह ख़ुद लड़खड़ाने लगा।

उसने कुछ यूँ बात शुरू की, सर जी, मैं और आपकी बेटी डेटिंग करते हैं, अफ़ेयर है। आप सिर पर हाथ रख दीजिए। शादी कर लेंगे।

पापा ने सिर पर नहीं, घुमाकर गाल पर एक लाफा मारा था। उन्हें लग रहा था कोई लोफ़र घुस आया है, दूसरी पार्टी का। उन्हें बदनाम करने की साज़िश है।

जब इति ने बीच–बचाव किया कि हाय पापा, आपने यह क्या किया, ये तो मेरा लवर है, तब जाकर इन्दर को एहसास हुआ कि इस काण्ड में बेटी का भी हाथ है।

बेटी का यह रूप देखकर उन्होंने गौरव के दूसरे गाल पर भी चांटा जड़ दिया। गाली–गलौज पर उतर आये। घर का नज़ारा बदल गया। कुछ मिनटों पहले जहाँ गाजा–बाजा–ढोल बज रहा था, नाच–गाना हो रहा था, सब पॉज़ हो गया। एक तरफ़ लोग गौरव को खींचकर एक कोने में ले जाते, तो दूसरी तरफ़ बौखलाये से पापा को।

गौरव इस हादसे को भूला नहीं था। इति को लग रहा था कि कुछ दिनों में वह पापा को गौरव से मिलकर बात करने को राज़ी कर लेगी। यही करने तो आयी है वह लखनऊ।

27 मई को इतवार का दिन था। पापा का मूड सही था। सुबह आलू पराँठा खाने के बाद इति ने पापा को पटा लिया, 'चीनी कम' फ़िल्म देखने के लिए। फ़िल्म दो दिन पहले ही रिलीज़ हुई थी। अमिताभ बच्चन के नाम पर वह फ़िल्म देखने को राज़ी हो गये।

इति को लगा था 'चीनी कम' देखने के बाद पापा को हजरतगंज ले कर जायेगी। टुंडे क़बाब खिलायेगी। पापा जब ख़ुश होकर डकार लेंगे, उस वक़्त वह गौरव की बात छेड़ेगी।

पर बात शुरू से ग़लत पटरी पर चली गयी। 'चीनी कम' में नौ साल की कैंसर से पीड़ित बच्ची को अमिताभ बच्चन का सेक्सी बुलाना, 64 साल के हीरो को 34 साल की हीरोइन से प्यार हो जाना, पापा को हज़म ही नहीं हुआ।

वह बड़बड़ाने लगे, 'इससे तो अच्छा होता पट्ठा पॉलिटिक्स में ही रहता। ऐसी वाहियात फ़िल्में तो न करता। अपनी बेटी से भी छोटी उम्र की लड़की से... छि:! बर्दाश्त से बाहर है। चलो उठो।'

पापा ने उसे पूरी फ़िल्म देखने नहीं दी। टुंडे कबाब खाने का प्लान भी फुस्स हो गया। गेस्ट हाउस लौटने तक उनका माथा गरमाया ही रहा।

शाम को उनके कुछ दोस्त मिलने आ गये। उनमें से एकाध को इति भी जानती थी। बातों–बातों और पीते–पिलाते बहका–बहकी का रस बह निकला। पापा के दोस्त जिन्हें इति और श्रुति भूरा अंकल कहती थीं, अचानक पापा के गले लगकर रोने लगे, 'इन्दर, तू मेरा सच्चा यार है। इक वादा कर! आज न नहीं सुनूँगा तुझसे। बोल! किया न? यार! अपनी बेटी का ब्याह मेरे बेटे संग कर दे। सच कह रिया हूँ इन्दर, पलकों पर बिठाकर रखूँगा। देख यार, न मत बोलना। तेरी बेटी आज से मेरी हुई।'

इति हक्की–बक्की हुई जा रही थी और सुबह से तनाव में माथे पर बल दिये बैठे पापा हँसे जा रहे थे। यह चार पटियाला पेग का असर था या भूरा अंकल के प्रपोज़ल का!

इति कुछ कहने को हुई, पर पापा ने आगे बढ़कर दोस्त को गले लगा लिया, 'देख भाई। मैं अपनी बेटी का ब्याह उसकी मर्ज़ी के बिना नहीं करूँगा। तू अपने बेटे का बायो भेज। उसे मिलवा मुझसे। अगर मेरे को भा गया न, तो बस, अगले ही महीने दे दूँगा, तुझे अपनी बेटी। बात समझ रहा है न?'

भूरा अंकल भी उनके गले लगकर सिर हिलाने लगे।

पापा के दोस्तों के जाने के बाद देर तक इति बरामदे में लगी बेंत की कुर्सी पर बैठी रही। उसे अब जल्द ही कुछ करना होगा। गौरव का नम्बर तो दिनोदिन कम होता जा रहा है। पापा की अपेक्षाएँ बढ़ रही हैं।

उस रात न जाने क्यों उसने गौरव का फ़ोन नहीं उठाया। मन नहीं हुआ। क्या कहेगी? वह तो भूरा अंकल वाली बात सुन दौड़ा आयेगा यहाँ।

भूरा अंकल सच में अगले ही दिन अपने बेटे के साथ गेस्ट हाउस पहुँच गये। बेटा अंकल की ही तरह था, थोड़ा गदबदा, थोड़ा बावला। बैंक में नौकरी कर रहा था। साफ़ दिख रहा था कि भूरा अंकल को पापा का एम.एल.ए. होना इतना भा गया है कि किसी भी हाल में उनसे रिश्ता जोड़ने को आतुर थे।

इति पापा का चेहरा पढ़ने की कोशिश कर रही थी। कल की तरह पापा नशे में नहीं थे। पापा ने बड़े आराम से भूरा अंकल और उनके बेटे से बात की। सबके साथ खाना खाया।

इति असहज थी, कहीं पापा उससे बिना पूछे कोई कमिटमेंट तो नहीं कर देंगे? पापा का कोई भरोसा नहीं। पापा ने ऐसा कुछ नहीं किया। भूरा अंकल बेटे के साथ चले गये।

पापा उनको विदा करने के बाद बरामदे में आकर कुर्सी पर पसर गये। धीरे–से बोले, 'बेटू, चाय पिलवा दोगी? अच्छी अदरक वाली बनाना।'

इति चाय ले आयी। पापा ने तृप्ति के भाव से पहला घूँट भरा। कप बगल में रखकर आँखें बन्द कर लीं। इति उनका चेहरा देखती रही। पापा शायद कुछ सोच रहे हैं।

अचानक आँखें खोल इन्दर ने कहा, 'इति, मन की बात बतायें? लड़के में कोई बुराई नहीं है। पर हम तुम्हारे लिए कुछ और सोच रहे हैं। आई.ए.एस., आई.पी.एस. हो तो कोई बात बने। है न? तुम तो अभी छोटी हो। साल–दो साल बाद सोचेंगे।'

इति ने सिर हिलाया। शायद यही मौक़ा है अपनी बात कहने का।

'पापा। आप एम.एल.ए. हैं। बहुत लोग आयेंगे आपसे मिलने, रिश्ता जोड़ने।'

'राइट बोल रही है तू।' पापा की आँखें बन्द थीं।

'मैं एक बात बोलूँ? आप डाँटेंगे तो नहीं?'

'न, बोल।'

'मुझे अपनी पसन्द से शादी करने दीजिए पापा।'

पापा चौंककर सतर्क होकर बैठ गये। फिर थोड़ा–सा सँभलते हुए बोले, 'उसी लौंडे से? जो घर आया था उस दिन?'

'यस पापा।'

पापा सोच में डूब गये। कुछ देर बाद बोले, 'कल बात करेंगे। सोचने दे मुझे।'

बड़ा डर था इति के मन में। गौरव आ तो रहा है पापा से मिलने। कोई काण्ड न हो जाये। गौरव बहुत इंपेशेंट सा बन्दा था। सुनता कम, बोलता ज़्यादा। ज्ञान देने की पुरानी आदत थी। ज्ञान की पुड़िया ऐवें बाँटता

फिरता, दूसरों के मना करने पर भी। समझाया उसे, पापा के सामने हीरो मत बनना। वह हाँ–हाँ कहता रहा। उसे भी यह तसल्ली चाहिए थी कि पापा मार–पिटाई नहीं करेंगे। धमकी दे दी उसने, 'मैं चुप नहीं बैठूँगा इस बार। देख लेना।'

पापा ने कहा था, वह शाम छह बजे गौरव से गेस्ट हाउस में मिलेंगे। इससे पहले उन्होंने शर्त रख दी, 'इति, तेरे कहने पर मैं मिल रहा हूँ लड़के से। पर याद रख, मैं कोई बात फ़ाइनल नहीं कर रहा। मुझे नहीं जँचेगा, तो मना कर दूँगा। फिर कोई ड्रामा नहीं चाहिए, मुझे तेरा। डन है तो बोल।'

'ओके पापा।'

गौरव दोपहर को राजधानी से आ गया था लखनऊ। घण्टा भर एक रेस्तराँ में बैठकर इति ने गौरव की कोचिंग ली। गौरव ने इस दौरान बेफ़जूल दाढ़ी रख ली थी। फ्रेंच कट में निहायत बचकाना लग रहा था। कॉलेज से रस्टिकेट हुए स्टूडेंट की तरह चेक वाली पीली कमीज़, घिसी जीन्स। तो क्या हुआ, जो वह अपनी बुआ एंड फ़ैमिली के निमन्त्रण पर टोरंटो जा रहा था, उनके फ़ैमिली बिज़नेस में हाथ बँटाने। बुआ का परिवार कनाडा में सालों से बसा था। ट्रांसपोर्ट का काम करते थे।

गौरव के तेवर इस बार कुछ अलग थे। इति की कोचिंग से उखड़ कर बीच में दो–तीन बार वह खड़ा हो गया, 'क्या समझ रही हो हमको? क्लास वन का बच्चा हैं? ये कहो, वो मत कहो। हम तो वही कहेंगे जान, जो हमारे दिल में आयेगा। हमें तो इतना समझा रही हो। अपने पापाजी को भी कुछ समझाया कि नहीं! होने वाले सन इन लॉ से कैसे पेश आना चाहिए?'

'बैठो तो गौरव। तुम इतना उखड़ क्यों रहे हो? मैं कोशिश कर रही हूँ न! तुम्हें शादी की जल्दी है, मुझे नहीं। मैं इतना तो कोऑपरेट कर रही हूँ। तुम थोड़ी–सी मेरी बात मान जाओगे तो क्या आफ़त आ जायेगी? बैठ कर बात करो। ये जो तुम धौंस देते हुए खड़े हो जाते हो न, ये प्लीज़ पापा के सामने मत करना।'

'फिर पापा! तुम पगला गयी हो इति। तुम हमारा स्टैंड अपने डैडी के सामने नहीं रखोगी तो कौन रखेगा? वैसे ही वे हमें बेवकूफ, लूजर और फेलियर मानते होंगे। तुम्हें बताना पड़ेगा हम हैं कौन और क्या करने

वाले हैं।'

इति ने हाथ पकड़कर बिठाया और कोचिंग का अगला राउंड शुरू किया। इस बार वह किसी क़िस्म का रिस्क नहीं लेना चाहती थी।

सबकुछ बहुत जल्दी–जल्दी हो रहा था। पापा का गौरव को रिजेक्ट करना और लखनऊ स्टेशन में लस्तपस्त गौरव का हाथ पकड़ कर इति का यह कहना कि शादी तो मैं तुमसे ही करूँगी बेबी। पापा को जो करना हो कर ले।

महीने भर बाद चटपट दिल्ली में करोलबाग के आर्यसमाज मन्दिर में दोनों ने कुछ दोस्तों के सामने शादी कर ली। मोनू ने ही सारा इन्तज़ाम किया था। फूलों की माला, मिठाई लाने से लेकर दोस्तों को इकट्ठा करने तक का।

बग़ावत। जवानी। आग। जुनून। जोश। पागलपन।

इति की प्लानिंग में मम्मी–पापा से अलग होना नहीं था। उसका जो जायज़ हक़ है, वह तो उसे मिलना चाहिए। पापा को पता होना चाहिए कि वह नये ज़माने की लड़की है। अपनी तरह से ज़िन्दगी जीती है। ऐसे थोड़े ही न होगा कि मम्मी–पापा उसकी लाइफ़ डिक्टेट करें। ज़िन्दगी के सारे अहम फ़ैसले उसने ख़ुद लिए हैं। शादी जैसा फ़ैसला वह दूसरों पर कैसे छोड़ सकती है! यह तो समझना होगा पापा को। साथ ही रेस्पेक्ट भी करनी होगी कि जिससे वह प्यार करती है, उससे ही शादी की है उसने।

शादी के बाद पीली साड़ी, हाथ भर चूड़ी, माँग में ऑरेन्ज सिन्दूर और गले में मंगलसूत्र लटकाये वह अकेली ही घर पहुँच गयी।

शाम का समय था। मम्मी सजधज कर ड्राइंग रूम में अपनी सहेलियों के साथ चाय पार्टी कर रही थीं। श्रुति कोचिंग क्लास से अभी–अभी लौटी थी। फ़्लैट का दरवाज़ा खुला हुआ था। घर के अन्दर से चाय की ख़ुशबू और ठहाकों की आवाज़ें आ रही थीं।

इति दरवाज़े के सामने ठिठकी–सी खड़ी रही। अचानक श्रुति की नज़र उस पर पड़ी और वह चीख़ मारती हुई उसकी तरफ़ लपकी। कमरे का माहौल बदल गया। मम्मी के हाथ से चाय का कप गिरकर उनकी लगभग नयी नेट की साड़ी पर छितर गया। और कोई वक़्त होता तो वह

हाहाकार मचाती हुई टिशू का डिब्बा ढूँढ़ने लगती। पर इस समय तो वह कुछ बोल ही नहीं पायीं। उनकी सो कॉल्ड फ्रेंड्स कुछ ज़्यादा ही उत्साह में आकर इति को घेरकर अन्दर ले आयीं।

इति को ज़्यादा कुछ कहने की ज़रूरत ही नहीं पड़ी। एमएलएआइन दूसरों के सामने अपनी बेटी की बेइज़्ज़ती कैसे करतीं! हालाँकि उनके चेहरे से लग रहा था कि वह उसे एक थप्पड़ जमाने को बेकरार हैं।

श्रुति उसके लिए पेप्सी ले आयी। पेटीज़ के साथ पेप्सी का घूँट भरते समय इति को अचानक यह एहसास होने लगा कि चंद घण्टों पहले तक जो घर उसका हुआ करता था, जहाँ वह पिछले आठ सालों से ठाठ से रह रही थी, अब बेगाना हो गया है। उसकी आँखें नम हो आयीं।

मन हुआ मम्मी के गले लग जाये, धीरे–से उनके कानों के पास जाकर सॉरी कहे। सारी हेकड़ी भूल उनकी गोद में सिर रख दे। वह अनमनी–सी सबकी तरफ़ देखती रही। कमरे में शोर बढ़ता ही जा रहा था। इस बीच मम्मी ने पापा को फ़ोन कर दिया था लखनऊ। पिछले वीक ही तो वह लखनऊ से दिल्ली आयी थी, पापा को यह कहकर कि एम.फिल. की तैयारी करनी है।

उस दिन पापा ने गौरव को आउटराइट रिजेक्ट करने के बाद इति से साफ़–साफ़ कह दिया था, 'यह लड़का मुझे सही नहीं लगता। वह क्या कहते हैं, इनफ़ैचुएशन है तेरा। कोई लव–शव नहीं है। मेरी बड़ी बेटी है तू। किसी ऐरे–ग़ैरे से तेरी शादी थोड़े ही न करूँगा! ठण्ड रख। शान्ति से बैठ। आगे पढ़ाई करनी है, काम करना है, जो तूने करना है, कर। बस इस लड़के से शादी करवाने को न कहना।'

पापा की आवाज़ में गम्भीरता भी थी और धमकी भी। इति बस उनके सामने रोती रही। गौरव भी तो कमाल का है, उसकी कोचिंग का कोई असर नहीं हुआ। पापा को देखकर न वह खड़ा हुआ, न ही उसने विश किया। (ज़रूर वह दो पेग लगाकर आया होगा) पापा यहीं से उखड़ गये। पापा खड़े रहे, वह बैठा रहा बस पाँच मिनट। पापा ने खेल ख़त्म कर दिया यह कहते हुए, 'गौरव साहब, आप कहते हैं कि पढ़े–लिखे हैं, कनाडा जाने वाले हैं। मुझे इस बात से कोई ऐतराज़ नहीं है। जाइए, शौक से जाइए, पर इति नहीं जायेगी।'

गौरव ने भी बिना सोचे–समझे कह दिया, 'आपको ऐतराज किस बात पर है? आप तो कोई बात सुनने को राजी ही नहीं। डिक्टेटरशिप

चला रखा है।'

वह आगे भी बहुत कुछ कहने जा रहा था, इति ने रोका। पापा भी नहीं रुके। अपने कमरे में जाते–जाते बस इतना कहा, 'मेरी बेटी से दूर रहो तुम मिस्टर।'

इति को भी आदेश दे गये, 'चाय बन गयी है तो पिलवा दो। आधे घण्टे बाद मैं खाना खाने आऊँगा। तब तक ...'

गौरव तो बिना चाय पिए रोते–गाते निकल गया। इति ने पापा से लड़ने की कोशिश की, 'समझ नहीं आता पापा, गौरव में ऐसी कौन–सी ख़राबी नज़र आ गयी आपको?'

इन्दर ने कुछ सख़्ती से कहा, 'इति, मैं उसके बारे में एक लफ़्ज़ नहीं सुनना चाहता। बस। आज के बाद तुम इस लौंडे के बारे में मुझसे बात नहीं करोगी। जाओ, अपने कमरे में जाकर सो जाओ।'

इति अपने कमरे में गयी ज़रूर, पर अपना पर्स और दुपट्टा उठाने। पापा सोने चले गये, तो गेस्ट हाउस के सामने से ऑटो लेकर स्टेशन चली गयी। उसे पता था, रात 11 बजे की गाड़ी से गौरव दिल्ली लौट रहा है।

स्टेशन पर चाय की दुकान के सामने बदहवास–सा गौरव मिल गया। उसे देखते ही वह उसके कन्धे पर टिककर इमोशनल होकर बोला, 'सब फिनिश हो गया। हम तो कहीं के न रहे।'

इति को अजीब लगा। कॉलेज में उसके दूसरे ही रूप पर रीझी थी वह। स्टूडेंट लीडर था वह। तेज़–तर्रार। भाषण देता था, बड़ी–बड़ी बातें करता था, छात्रों के अधिकारों के बारे में, अमेरिकी राष्ट्रपति बराक ओबामा के 'वी कैन' सपनों से भरे कल के बारे में। उसके साथ रहती थी तो लगता था वाक़ई उनका कल कुछ अलग होगा, विद्रोही सुरों से बनी कोई अलग तान। उसके हॉस्टल के कमरे में उसके दसियों दिन से अनवॉश्ड ब्ल्यू कुर्ते को पहनकर सुबह एक ही कप से कटिंग चाय पीते हुए उसे लगता था, क्रान्ति, रिवोल्यूशन इसे कहते हैं। असली ज़िन्दगी तो यही है। वहीं क्रान्तिपति उसके गले लगकर उसके दुपट्टे से मुँह पोंछते हुए कह रहा था, 'तुम्हारे पापा जी ने सब बर्बाद कर दिया। हमको कहीं का न छोड़ा। छिछोरा बनाकर रख दिया। इति, हम कहे दे रहे हैं, ऐसे जी नहीं पायेंगे हम।'

इति उसके गले लग गयी, 'तुम दिल छोटा न करो गौरव। हम शादी तुमसे ही करेंगे। कह दिया न। अब आराम से जाओ दिल्ली। अगले कुछ दिनों में मैं भी आ जाऊँगी वहाँ। तुम मोनू को कह देना, वह शादी का

इन्तज़ाम कर देगा। अच्छा दोस्त है हमारा।'

शादी की तैयारी गुपचुप हो रही थी। शादी से एक दिन पहले वह कनॉट प्लेस में मोनू से मिली थी। मोनू को पैन कार्ड और कॉलेज सर्टिफ़िकेट की कॉपी देनी थी। दोपहर का वक़्त था। मोनू ने कहा, खाना खायेंगे। ए ब्लॉक के पीछे चाइनीज़ रेस्तराँ बर्कोस में दोनों जाकर बैठ गये। मोनू ने अपने लिए बियर मँगवायी। इति से इशारे से पूछा, उसने मना कर दिया। अपने लिए हॉट एंड सॉर सूप मँगवा लिया।

मोनू और वह स्कूल से ही साथ पढ़ते आये थे। मोनू के पिताजी की सदर बाज़ार में प्लास्टिक के डिब्बों की दुकान थी। दरियागंज में रहता था।

बचपन में अपने रिकेटी टाँगों और लटके हुए गालों की वजह से अजीब–सा दिखता था मोनू। पर कॉलेज में आते ही जीन्स और हल्की खुरदरी अक्षय कुमार टाइप स्टबल दाढ़ी ने उसका हुलिया बदल दिया था। फ़र्राटे से अंग्रेज़ी बोल लेता था। जब जिसे ज़रूरत हो, अपनी मोटर साइकिल लेकर तैयार मिलता। इति को लेकर ज़रूरत से ज़्यादा भावुक हो जाता। शुरू में उसे गौरव के साथ उसका मिलना–जुलना बिल्कुल रास नहीं आया। बहुत वक़्त लगा उसे दोनों को ब्वॉयफ्रेंड, गर्लफ्रेंड मानने में। जब–जब इति गौरव के हॉस्टल के कमरे में रात गुज़ारती, मोनू रात देर तक हॉस्टल के सामने डेरा डाले रहता। उसे समझ नहीं आया, वह ऐसा क्यों करता है? क्या सिर्फ़ इसलिए कि वह इति की केयर करता है? जवाब उसे देर से मिला। बल्कि बस अभी–अभी ही, बर्कोस में पिंट बियर का पहला घूँट मारने के बाद।

इति उसके सामने बैठी थी, थोड़ी परेशान, थोड़ी खोयी–खोयी सी। घुँघराले बालों की एक लट मुँह पर बार–बार आ रही थी और वह अपने बायें हाथ की छोटी उँगली से झटककर पीछे कर रही थी। इससे पहले उसने कभी ध्यान नहीं दिया, बायें हाथ की छोटी–सी प्यारी–सी कमसिन–सी उँगली की तरफ़। उँगली में ठीक नाखून के नीचे काला तिल। उँगली में हल्के नीले रंग की नेल पॉलिश। ज़रा से बढ़े नाखून।

मोनू को कुछ होने लगा। इति के लिए यह भाव! सेक्स वाली फ़ीलिंग!

अचानक उसके मुँह से निकल गया, 'इति, तुम्हें पता है न तुम क्या

करने जा रही हो?'

इति के चेहरे पर अजीब से भाव आये। मोनू उससे यह क्या पूछ रहा है? क्या वह जो करने जा रही है उसे पता नहीं है?

'तुम समझी नहीं। देखो इति, जब तुम्हारे डैडी जी इस रिश्ते के इतने अगेन्स्ट हैं, तो तुम यह शादी करके क्या प्रूव करना चाहती हो? तुमने किसी से राय ली? आइ मीन... मुझ तक से तो नहीं पूछा!'

इति ने ध्यान से मोनू की तरफ़ देखा। उन दोनों के बीच चाहे जो भी रिश्ता रहा हो, उसने कभी इति पर अपना हक़ नहीं जताया था।

इति कुछ खीझकर बोली, 'क्यों क्या दिक़्क़त है? मैं हमेशा अपने डिसिज़न ख़ुद लेती हूँ। शादी दूसरों की पसन्द से कर लूँ, यही कहना चाहते हो? बोलो?'

मोनू भी चुप नहीं रहा, 'गौरव को लेकर तुम बायस्ड हो। इसलिए उसका माइनस प्वाइंट तुम्हें नज़र नहीं आ रहा। ही इज़ सच अ कॉवर्ड मैन...'

इति की आँखों में ख़ून उतरने लगा। वह झटके से खड़ी हो गयी, 'इनफ़ मोनू। तुम्हें पता भी है तुम क्या कह रहे हो? हद में रहो यार। तुम मेरे बचपन के दोस्त हो। मुझे अच्छी तरह जानते हो। फिर अब ऐसा क्यों कर रहे हो? कल मैं शादी कर रही हूँ, डैम इट!'

'मुझसे कर लो।' पता नहीं कैसे मोनू के मुँह से निकल गया। इस समय वह पगलाया–सा, पहली क्लास में मास्टर से मार खाकर हाफ़ पैंट में सूसू किये बालक की तरह भोंदू लग रहा था।

इति हँसने लगी, 'अच्छा, जब गौरव से मेरी शादी टूट जायेगी न, तब तुझसे कर लूँगी। ख़ुश?'

शादी की रात, सुहागरात? कहाँ जी! मम्मी ने कहा, पापा को बता दिया है, वो सुबह लखनऊ से दिल्ली आयेंगे। उनसे मिलकर जाना। रात उसने अपने घर काटी, कबर्ड से अपना यूज़्ड पाजामा–टीशर्ट निकालते समय अजीब–सी कसक हुई। हँसी भी आयी। इति द ग्रेट! क्या–क्या सोचा था, रेड हॉट सेक्सी वाली लॉन्जरी के साथ एकदम ट्रांसपेरेंट नेट की नाइटी पहने और हाथ में वाइन का गिलास लिए आयेगी गौरव के सामने। और यहाँ? फर्स्ट नाइट को देर तक फ़ोन पर गौरव से बात करती रही, रोयी भी। कल तक जिस बिस्तर पर औंधे पड़ते ही

नींद आ जाती थी, उसे पूरी रात नींद नहीं आयी। पता नहीं अन्दर डर था या नर्वसनेस?

अगले दिन सुबह–सुबह पापा घर पहुँच गये। आते ही पापा ने अपनी नाराज़गी अच्छे से ज़ाहिर की। इति को साफ़–साफ़ इशारा मिल गया कि अपने घर से उसका दाना–पानी उठ गया है।

बड़े वाले काले सूटकेस में अपने कपड़े, किताबें, सर्टिफ़िकेट और दूसरे सामान पैक करते समय उसका शरीर काँपने लगा। इससे पहले उसने कई अफ़लातूनी हरकतें की थीं, पर घर वापस आती थी पूरे ठाठ से। पापा भी ज़रा–सा डाँट लगाकर मम्मी से यह कहते पाये जाते कि इति ब्रेव है। कुछ करेगी यह लड़की। तो लड़की ने यह किया...

अब लगता है उसकी ज़िन्दगी पहले सी नहीं रह जायेगी।

रात गुज़रते ही उसने गौरव को फ़ोन कर दिया था। वह बारह बजे उसके घर के बाहर उसे लेने आने वाला था।

अपना सामान पैक करने और नहाने के बाद उसने कल वाली साड़ी पहन ली। घर में पापा, मम्मी और श्रुति थे। मम्मी उससे बात नहीं कर रही थीं। श्रुति सुबह उसके लिए सैंडविच और चाय लेकर आयी थी। कुछ देर पहले भी आकर पूछ गयी थी कि दीदी, लंच करोगी ना?

घर में शायद राजमा–चावल बन रहा था। मम्मी किचन के अन्दर–बाहर हो रही थी। पापा अपने कमरे से बाहर निकले ही नहीं थे। ड्राइंग रूम में टी.वी. पर न्यूज़ चैनल चल रहा था। यानी घर में सबकुछ हमेशा जैसा। क्या सच में?

अपना सूटकेस लेकर इति ड्राइंग रूम में आ गयी। सोफ़े पर बैठी ही थी कि मम्मी ने इशारे से किचन में बुलाया।

मम्मी के हाथ में एक पर्स था, उसे पकड़ाते हुए कहा, 'इति, थोड़े पैसे हैं। देख लड़की, काम तो तूने ग़लत किया है। पापा को इतना नाराज़ कर दिया। मैं अभी कुछ नहीं कर सकती। देखते हैं, कुछ दिनों बाद। तू जाने से पहले मिल लेना पापा से। डाँटेंगे तो सुन लेना, और एक बात इति। तुझे पढ़ाया–लिखाया है, यह समझ लेना, शादी ज़िन्दगी का अन्तिम सच नहीं है। ऐसे आदमी के साथ कभी मत रहना जो मारे, पीटे, जलील करे। तू समझदार है, अपना ख़्याल रख सकती है।'

इति का रोना फूट गया। मम्मी शान्त थी, 'मैं ऐसे थोड़े ही विदा करना चाहती थी? तूने तो सारे अरमानों पर पानी फेर दिया। जा, फ़ोन पर बात करती रहना।'

पापा के कमरे का दरवाज़ा अन्दर से बन्द था। बाहर से पापा को बाय कहकर वह निकल आयी। श्रुति उसे बाहर तक छोड़ने आयी। वह रो रही थी।

गौरव ने पता नहीं क्यों श्रुति को देखकर कहा, 'हम तुम्हारी बहन का अच्छे से खयाल रखेंगे। डोंट वरी।'

गौरव का घर। वह वैसे सबसे पहले ही मिल चुकी थी। पिताजी, चाचा–चाची, उनके दो जुड़वाँ लड़के उदित और सुमित। चाची की विधवा माँ साथ रहती थी। लक्ष्मी नगर में तीन कमरे के बिल्डर्स अपार्टमेंट में बसेरा।

चाची घर की सर्वेसर्वा। सबसे पहले तो उन्हें इस बात से आपत्ति थी कि बिना लेन–देन के शादी कैसे हो गयी? लड़की बस अपने दो–चार कपड़े–लत्ते के साथ आ गयी, ऐसा होता है भला! इति के सामने कुछ नहीं कहती थी। इति का तेज़–तर्रार रूप पहले से देखा–भाला था।

उसे घर का एक छोटा अँधेरा कमरा खाली करके दे दिया गया। गौरव के साथ उस घर में दो दिन रहते हुए उसे एहसास हो गया कि यह वह ज़िन्दगी नहीं, जिसके लिए उसने बग़ावत की।

अब गौरव को नहीं, उसे कनाडा जाने की जल्दी थी।

दोनों का पासपोर्ट तैयार था। पर कनाडा एंबेसी में उनका वीज़ा अटक गया था। लगभग हर दूसरे दिन गौरव की मोटरसाइकिल पर दोनों चाणक्यपुरी कनाडियन एंबेसी जाते, अपने एजेंट से मिलते, जो हर बार की तरह उनसे वादा करता कि अगले महीने उनका वीज़ा लग जायेगा। दोनों कुछ झल्लाते हुए कनॉट प्लेस में आते। किसी रेस्तराँ में कुछ खाते। पहले–पहल तो ठीकठाक से रेस्तराँ में जाते थे। कनॉट प्लेस में रोडियोज़, जेन, अलका। फिर बजट खाना खाने लगे। श्रवण भवन, इंग्लिश डायरी या सड़क किनारे खड़े होकर छोले–भटूरे।

घर पर अधिकांश दिन कोहराम–सा मचा रहता। चाची फुल वॉल्यूम में दिनभर शिकायतों की पोटली लिए इधर–उधर डोलती रहती। इससे झल्लाती और घबराती सिर्फ़ इति। एक दिन उसने यह बात श्रुति को बता दी।

अगले दिन मम्मी और श्रुति उससे मिलने आये। मम्मी का रुतबा

था। एम.एल.ए. की बीवी। पॉलिटिक्स एक बिहारी परिवार में कितनी बड़ी भूमिका निभाती है, इसका पता भी उसी दिन चला। मम्मी ने आकर गौरव की अच्छी खिंचाई की और उसे लताड़ दिया कि उनकी नाजों से पली बेटी इस कबूतरखाने में नहीं रह सकती। अगर कनाडा जाने में अभी समय है, तो वह तरीक़े से एक बड़ा घर किराये पर ले और अपनी वाइफ़ को इज़्ज़त के साथ वहाँ रखे।

वह क्षण था जब इति को शादी–ब्याह में माता–पिता का रोल समझ आया। कहने की बात नहीं कि अगले ही दिन से गौरव किराये का घर ढूँढ़ने में लग गया।

गौरव ज़बर्दस्त जुगाड़ू था, इस बात का अन्दाज़ और अनुभव तो शुरू से था इति को। दिनभर वह बेशक घर में रहता, पर शाम को उसकी जेब में पैसे होते। सदर बाज़ार में उसने अपना अड्डा बना रखा था, जहाँ से फॉरेन के नामी ब्रांडों की डुप्लीकेट सप्लाई होती थी। एक दिन वह अपने ब्रीफ़केस में दसेक रे बैन के सन ग्लासेस ले आया। एकदम असली दिखते थे। मज़ाल कि कोई पकड़ ले। इति के पास सबकुछ था, गूची का बैग, जिमी चू के पर्फ़्यूम, प्रादा की बेल्ट, अरमानी की घड़ी।

लेकिन जिन लोगों के बीच वह रहती थी, उन्हें इन नामों को ठीक से कहना भी नहीं आता था। फिर यह बताने का भी कोई फ़ायदा नहीं था कि ये बस असली जैसे दिखते हैं, हैं नहीं।

गौरव ने जल्द ही लक्ष्मी नगर के पास पटपड़गंज में दो कमरों का फ़्लैट किराये पर ले लिया। एक दिन में उसने घर के पूरे सामान का जुगाड़ कर लिया। डबल बेड, सोफ़ा, फ़्रिज, टीवी, छोटा–सा गोल डाइनिंग टेबल। किचन में कुकिंग गैस, दाल–चावल–मसाले। इति और श्रुति पूरा दिन लगकर घर सँभालती रहीं।

शाम को किचन में कुकर की सीटी बजने लगी। आलू उबल रहे थे। श्रुति आटा गूँध रही थी। दोनों बहनें गपियाती हुई आलू का पराँठा बनाने की तैयारी कर रही थीं।

ड्राइंग रूम में गौरव तीन काँच के गिलासों में रेड वाइन भर रहा था। एक कटोरी में भुनी हुई मूँगफली, दूसरे में सलाद। उसने आवाज़ लगाई, 'सलूजा सिस्टर्स। सुबह से हाउस वार्मिंग पार्टी के लिए ज़िद मचाये हुए थीं न। अब कहाँ मर गयीं! पराँठा–वराठा छोड़िए और जल्दी से आकर चियर्स कीजिए।'

दोनों बहनें पसीना पोंछती हुई बाहर आ गयीं। श्रुति के हाथ में जाम पकड़ाते हुए गौरव ने कहा, 'बिल्कुल धीरे–से सिप कीजिएगा। वाइन है, नशा धीरे–धीरे चढ़ता है।'

पहली बार अंगूर की बेटी को इतने पास से देख रही थी श्रुति। इति ने उससे कई बार ज़िक्र किया था, बियर, वाइन और वोदका के बारे में। श्रुति की दुनिया अलग थी। इसी साल उसने एम.ए. में एडमिशन लिया था। अपनी दुनिया में खोयी रहने वाली एक चित्रकार। भावुक क़िस्म की। किसी भी घटना से परेशान होने वाली।

'किस सोच में पड़ गयीं आर्टिस्ट सालीजी? आप ही कह रही थीं न पार्टी के लिए...'

इति चियर्स के साथ ही बड़ा घूँट गटक गयी, सीजंड खिलाड़िन ठहरी।

श्रुति के सामने इति और गौरव ने ज़िन्दगी के असली कैनवस पर नया मंजर क्रिएट कर दिया था। रंगीन परदे, रॉट आयरन कुर्सियाँ, बेंत के मोढ़े पर रखे टेबल लैम्प से छनकर आती हल्की–सी रोशनी। खिड़की के पास क़तार में रखी रंगीन बोतलों में झिलमिल करती सजावटी लड़ियाँ। छोटी–सी गोल टेबल पर ट्रे में वाइन की बोतल। ओह, ये तो अपने आप में मास्टर पीस है।

इति और गौरव किसी बात पर एक–दूसरे का हाथ थाम कर हँस रहे थे। इति ने गौरव के गिलास से लपककर एक घूँट वाइन पी ली। गौरव ने उतनी ही फुर्ती से उसका गाल चूम लिया।

कौन हैं ये दोनों? अपनी ज़िन्दगी के हीरो–हीरोइन। शायद श्रुति के भी। वह चुपचाप कारपेट पर बैठकर वाइन के गिलास से हौले–हौले घूँट भरती मन्त्रमुग्ध–सी दो ज़िन्दगियों में बहार खिलते देख रही थी।

घण्टे भर बाद जब सबको भूख लग आयी तो दोनों बहनें किसी काम की नहीं थीं। दोनों कारपेट पर एक–दूसरे के गले में बाँहें डालकर नशेड़ियों की तरह अनर्गल बातें कर रही थीं। गौरव ने ही उठकर सबके लिए आलू के पराँठे बनाये।

खाते समय किसी को याद न रहा कि फ्रिज़ में रायता बना रखा है। आलू में नमक ही नहीं है। बस तीनों को खाने से मतलब था।

इति की शादी को छह महीने हो गये। मम्मी सप्ताह में एक दिन उससे

मिलने उसके घर आ जाती, खाने–पीने की ढेरों चीज़ें लेकर। कभी मठरी बना लातीं तो कभी नमक पारे। यही नहीं, बेटी–दामाद के घर के लिए ज़रूरी तामझाम भी ले आती। नये कप, कोरल का डाइनिंग सेट। गौरव का जन्मदिन आया, तो उसके लिए कपड़ों के अलावा गोल्ड चेन भी ले आयीं। धीरे–धीरे ही सही, गौरव उन्हें भाने लगा। उनके पैर छूता, चाय बनाकर पिलाता, हँसी–मज़ाक़ करता। दिखने में भी अच्छा–ख़ासा था। बस, पापा ने अभी तक इति को माफ़ नहीं किया था। लखनऊ से आते तो मम्मी का घर से निकलना मुश्किल हो जाता। वह तो इति का नाम ही सुनना नहीं चाहते थे। हालाँकि उन्हें भी यह अच्छी तरह से पता था कि मम्मी और श्रुति इति से लगातार मिल रहे हैं और घर की चीज़ें भी वहाँ जा रही हैं। श्रुति कोशिश करती, पापा को समझाने की, 'आपको बहुत मिस करती है इति पापा, एक बार मिल लीजिए। घर के बाहर ही सही।'

पापा के बर्थडे पर इति ने कार्ड और नयी शर्ट भेजी श्रुति के हाथों। पापा ने बस इतना कहा, 'इति से कहो, इस तरह पैसा ख़र्च न करे। अभी दूसरे बहुत से ख़र्चे होंगे।'

पापा ने इति के बग़ैर अपना जन्मदिन नहीं मनाया, न हर साल की तरह केक काटा। दोनों बेटियाँ ज़िद करतीं, तो वे भी बच्चा बनकर जन्मदिन मना लेते थे। अब इति के बगैर क्या जन्मदिन मनाना?

ढाई घण्टे की फ़िल्म तो है नहीं कि ज़िन्दगी के एक मोड़ पर आकर सबकुछ ठीक हो जाये और सब एक साथ 'कभी ख़ुशी कभी ग़म' की तर्ज पर अन्त में एक बड़ी सी हैप्पी फ़ैमिली बन जाये।

पापा का मन थोड़ा–सा पिघल रहा था। वे इति को माफ़ करने का मन बना रहे थे। इति–गौरव की शादी को एक साल होने वाला था। पापा प्लान बना रहे थे कि दोनों के लिए एक सरप्राइज़ पार्टी थ्रो करेंगे और सबके सामने बेटी–दामाद को एक्सेप्ट कर लेंगे।

उन्होंने यह बात घर में किसी को नहीं बताई थी। श्रुति और मम्मी को बताने का मतलब था, सरप्राइज़ की ऐसी की तैसी। तुरन्त मोबाइल लगाकर इति को बता देंगी। उन्होंने अपने इस प्लान में अपने दोस्त आलोक को शामिल किया। प्रगति मैदान में बैंक्वेट हॉल बुक भी कर लिया।

एक तरफ़ ये चल रहा था, दूसरी तरफ़ गौरव ने अपने बिज़नेस में पाँच लाख रुपये गँवा दिये।

मुम्बई से माल दिल्ली आ रहा था, गौरव की कम्पनी के नाम से। यहाँ से आगे सप्लाई होना था। रास्ते में ट्रक का एक्सीडेंट हो गया और सारा माल लूट लिया गया।

माल का इश्योरेंस नहीं था, गौरव को तीस दिनों के अन्दर पाँच लाख का पेमेंट करना था। उसे भी पता था, न करने पर उसके साथ क्या हो सकता है। नम्बर दो का धन्धा था, चलाने वाले गुण्डे और बड़े लोगों से मिले हुए थे।

गौरव कोशिश करके बस एक लाख का जुगाड़ कर पाया।

शादी के बाद चाची, चाची की अम्मा, खाने–पीने, सेक्स को लेकर तो इति कई दफे गौरव पर चढ़ दौड़ती थी। पर यह टेंशन भारी थी। पहली बार जब घर के सामने एक सिर घुटे आदमी को उसने फ़ोन पर बातें करते हुए उनके फ़्लैट की तरफ़ इशारा करते देखा, तो डर के मारे उसका दम निकल गया। क्या वह गौरव के लिए आया है? कहीं जेब में पिस्तौल तो नहीं? शाम के झुरमुटे में उसने गौरव को उसी सिर घुटे शख़्स से बात करते देख लिया, कहीं वह गौरव को धक्का तो नहीं दे रहा था, या धमकी?

इति का मन हुआ, वह फ़ौरन सब्ज़ी काटने का चाकू लेकर नीचे दौड़ पड़े। पर इससे पहले गौरव घर आ गया। इति बस चीखे जा रही थी, 'कौन था वह आदमी? तुम्हें किसलिए धक्का दे रहा था? वसूली के लिए आया था न? तुमने क्या कहा?'

गौरव इतने सवालों से घबरा गया, 'बेबी, वह हमारे लिए नहीं आया था। वह तो नीचे के फ्लैट में रहने वाले शास्त्री जी को पूछ रहा था। तुम इतना पैनिक क्यों हो रही हो? हम कर रहे हैं न इन्तजाम।'

गौरव ने उसे बाँहों में भरने की कोशिश की। पर इति को चैन नहीं आया। उससे झूठ बोल रहा है गौरव। कहीं कोई दूसरा ग़लत काम तो नहीं करने जा रहा!

दो दिन बीत गये। आख़िर गौरव ने कह दिया, 'इति, हमसे हो नहीं पा रहा। तुम मम्मी से बात करोगी? बस महीने भर के लिए उधार दे दें।'

अगले दिन सुबह–सुबह इति ने मम्मी से बात की। मम्मी घबराती

हुई उससे मिलने आयीं। चार लाख? इतना एक साथ देना तो मम्मी के बस की बात नहीं थी। पापा को इन्वॉल्व करना होगा। इति हिचकिचायी। पापा को? वे क्या समझेंगे!

मम्मी ने कहा, 'इति, पचास हज़ार तक की बात होती, तो मेरे पास अभी रखे हैं। मैं दे देती। पापा को वैसे भी बताना होगा। उनकी ऊपर तक पहचान है। बिना बताये करेंगे, कल को कुछ उल्टा–सीधा हो जाये, तो उन्हें क्या जवाब देंगे बेटा?'

इति सिर झुकाये खड़ी रही। अरमान था कि वह और गौरव ज़िन्दगी में कुछ बन जाते, अच्छे से सेटल हो जाते, तो शान से पापा के सामने जाते। अब पापा के सामने हमेशा के लिए सिर झुक जायेगा। शर्मिन्दगी होगी। पता नहीं पापा मदद को तैयार होंगे भी या नहीं!

मम्मी ने पापा को बस इतना बताया, इति को कुछ प्रॉब्लम है फाइनेंस की। आप एक बार मिलकर गाइड कर दीजिए। बेटी है आपकी। कल को कुछ ग़लत हो गया, तो हम क्या करेंगे?

पापा तैयार हो गये। इति ने गौरव से बहुत कहा कि वह भी साथ चले, पर वह पीछे हटते हुए बोला, 'तुम मिल आओ। देखो, वे हेल्प को तैयार होते हैं या नहीं। फिर हम चलेंगे साथ।'

क्या वह दिन इति की ज़िन्दगी को हमेशा के लिए बदलने वाला था? इति को ज़िन्दगी में पहली बार पापा से मिलने में डर लग रहा था। जिस दिन पापा ने उससे कहा था कि वह आज के बाद गौरव का नाम भी नहीं सुनना चाहते थे, उसके बाद वह उनसे मिली नहीं। फ़ोन पर भी उनकी आवाज़ नहीं सुनी।

मुश्किल था इति के लिए और शायद पापा के लिए भी। उनकी बड़ी बेटी उनके सामने खड़ी थी, सफ़ेद रंग की कुर्ती और जीन्स में, बालों की चोटी बना रखी थी, माँग में हल्का–सा सिन्दूर, गले में मंगलसूत्र।

इति ने पापा की तरफ़ देखा, साल भर में बाल काफ़ी सफ़ेद हो गये। पेट निकल आया। आँखों के नीचे काले गहरे गड्ढे। भूरी शर्ट और ख़ाकी पैंट में पापा थके से लग रहे हैं।

पापा को देखकर मन हुआ, हमेशा की तरह उनके गले लग जाये।

पर वह सिमटी–सी एक कोने में खड़ी रही। पापा ने उसे देखकर पूछा, 'कैसी हो?'

इति का रोना निकल गया।

पापा ने पाँच मिनट उसे रोने दिया। फिर धीरे–से कहा, 'क्या हुआ?'

इति ने रुक–रुककर उन्हें पूरी बात बताई, कैसे गौरव का माल लूट लिया गया, पाँच लाख चुकाना है, इस समय पैसों का इन्तज़ाम नहीं हो पा रहा। अगले महीने पैसे आ रहे हैं दूसरे काम से। मिलते ही चुका देंगे।

पापा शान्त थे। पता नहीं क्यों देर तक कुछ नहीं बोले। श्रुति कमरे में आ गयी, चाय और बिस्किट लेकर। इति के पास ही नीचे ज़मीन पर बिछे गद्दे पर बैठ गयी। पापा कुछ दूरी पर सोफ़े पर बैठे थे।

पापा चाय ख़त्म करने के बाद अपनी जगह से खड़े हो गये, 'मैंने कहा था न बिटिया, इस आदमी से शादी मत करो। मैंने दुनिया देखी है। ऐसे नहीं चलते रिश्ते। क्यों नहीं लेकर जा रहा तुम्हें कनाडा? इसी का तो लालच दिखाया था ना उसने?'

इति को देर से समझ में आया कि पापा गौरव के बारे में कह रहे हैं और उसे लताड़ रहे हैं। उसका चेहरा लाल हो गया, 'पापा, वो वीज़ा का कुछ...वहीं जायेंगे, कुछ समय...गौरव अच्छा आदमी है पापा। मुझे प्यार से रखता है। ऐसा नहीं है कि...'

पापा ने हाथ के इशारे से उसे चुप रहने को कहा, 'अच्छा आदमी? तो पैसे लाने तुम्हें यहाँ क्यों भेजा? ख़ुद क्यों नहीं आया?'

बेटी के सामने 'उसकी फटती है क्या,' कहते–कहते रह गये।

इति ने बुदबुदाकर कहा, 'गौरव आना चाहता था...पर...'

पापा की आवाज़ सख़्त थी, 'क्या होगा अगर तुम लोग पैसे नहीं चुका पाओगे?'

इति सिर झुकाये रही। बस आँखों में आँसुओं की कुछ मोटी–मोटी बूँदें आकर ठहर गयीं।

'मैं एक शर्त पर दूँगा पैसे...सुन लो और समझ लो। उस आदमी के साथ तुम्हारा कोई फ़्यूचर नहीं है। अलग हो जाओ। आगे पढ़ो और अपनी ज़िन्दगी सँवारो।'

इति सुबकने लगी, लेकिन श्रुति चीख़ मारते हुए रोने लगी, 'आप ऐसा कैसे कह सकते हो पापा? दीदी की शादी तोड़ने की बात कर रहे हो? कितने मीन हो आप? अपनी बेटी के लिए ऐसा कैसे सोच सकते हो?'

पापा ने चौंककर श्रुति की तरफ़ देखा, उसे क्या हो गया?

श्रुति रोते हुए ज़ोर–ज़ोर से कहने लगी, 'जीजू बहुत अच्छे आदमी हैं। ग़लती तो सबसे होती है न पापा। उनका माल जिस गाड़ी से आ रहा था उसका एक्सीडेंट हो गया। सामान लूट लिया सबने। आप इसकी इतनी बड़ी सज़ा देंगे उन्हें? नो... ग़लत है यह ग़लत है, रॉन्ग है।'

दोनों बहनें एक–दूसरे के गले लगकर रोने लगीं। मम्मी कमरे में दौड़ी चली आयीं। उन्होंने भी पापा को सुना दिया, 'शादी–ब्याह खेल है क्या? बच्ची ने अपनी पसन्द से शादी कर ली है, तो इतना जुल्म ढायेंगे?'

पापा चुपचाप कमरे से बाहर निकल गये। लौटे तो हज़ार–हज़ार के नोटों से भरा एक काले रंग का बैग लेते हुए और इति की तरफ़ फेंक कर बोले, 'जो करना हो करो। बस तुम सब रोना बन्द करो। घर में मातम मचा रखा है।'

शाम तक घर में मनहूस–सा माहौल रहा। इति से ज़्यादा श्रुति परेशान रही। रोते–रोते बुख़ार चढ़ आया, 'पापा ऐसा करेंगे, कभी नहीं सोचा था। ही वॉज सो रूड।'

मम्मी समझाती रही कि पापा को इति की चिन्ता है, इसलिए ऐसा कह रहे हैं।

उन तीनों को नहीं पता था कि पापा इस समय अपने दोस्त आलोक के घर बैठकर रो रहे हैं और भरे मन से प्रगति मैदान की पार्टी कैंसिल कर रहे हैं। उनका दोस्त कह रहा है, 'ठण्ड रख इन्दर। सब ठीक हो जायेगा। बच्चे ही तो हैं।'

'मेरी बच्ची, आलोक, मैंने क्या–क्या नहीं सोचा था उसके लिए! देख तो, नयी–नवेली दुल्हन सफ़ेद कपड़े में खड़ी थी मेरे सामने। ख़ाक ख़ुश रखता होगा वो लफंगा उसे? मेरी बेटी अपने बाप से पैसा ऐसे माँग रही थी, जैसे भीख माँग रही हो। अरे मेरा सबकुछ मेरी बेटियों का ही तो है। उन्हीं को तो देना है सबकुछ। कलेजा छलनी हुआ जा रहा है यार!'

प्रॉब्लम तो बड़ी थी, ख़त्म हो गयी, पर घाव रह गया। प्रॉमिस किया था कि एक महीने में पापा का उधार चुका देंगे, एक का दो और दो के छह महीने हो गये। फ़्लैट का किराया जब तीन महीने तक नहीं दे पाये, तो झक मार कर

वहीं वापस जाना पड़ा, जहाँ से लौट के बुद्धू घर को आये थे।

चाची को, ज़ाहिर था, उनका इस तरह आ धमकना पसन्द नहीं आया। पर गौरव इस बार थोड़ा लड़ने के मूड में था। आते ही उसने कह दिया, 'चाची, इस घर में हमारा भी हिस्सा है। आप अपने काम से मतलब रखिएगा, हम अपने काम से। बाहर का कमरा हमारा, अन्दर के सारे आपके। पापा चाहें तो हमारे साथ रह सकते हैं। इति को परेशान न कीजिएगा। हम कहे देते हैं, बेवजह कोई झिकझिक नहीं चाहिए, हमको। वैसे ही हजार परेशानियाँ हैं।'

चाची उस वक़्त तो कुछ न बोलीं, पर तय कर लिया कि जब–तब बोलती रहेंगी। गौरव के पिताजी ने सोचा कि कुछ दिन बक्सर जाकर रहेंगे। गाँव में, ज़मीन है, पुराना घर है। रिश्तेदार भी हैं।

इति को भी घर के माहौल से दूर रहने का एक अच्छा उपाय नज़र आया, नौकरी। उसे कॉल सेंटर में जॉब मिल गया। गुड़गाँव में। रात आठ बजे ऑफ़िस की गाड़ी से जाती, सुबह आठ बजे आती। दिन में सोयी रहती। वीकेंड छुट्टी। उस दिन इति और गौरव देर से सोकर उठते और कहीं बाहर खाना खाने चले जाते। रात तक लौटते।

कभी–कभी उदित और सुमित भी साथ हो लेते। दोनों जुड़वाँ भाइयों की मूँछें निकलने लगी थीं और दोनों को लगता था कि उनकी भाभी इति ऐश्वर्या राय से कम नहीं है। भाभी के मुलायम हाथ, हाथों में लगी चमकीली नेल पेंट, मैनीक्योर्ड सलोने पैर, हाई हील्स, नीले रंग की चिकन की टॉप से झाँकती गोल्डन ब्रा और उनके अगल–बगल से आती नशीली ख़ुशबू। जवान होते दोनों लौंडों का बस चलता तो चौबीसों घण्टे भाभी के इर्द–गिर्द पड़े रहते। जादूगरनी सी लगती थी इति उन्हें।

जब से इति ने रात की शिफ्ट में काम करना शुरू किया था, दोनों को घर मनहूस लगने लगा था। वरना तो रात को पढ़ाई का बहाना बना कर दोनों दरवाज़े से कान लगाये बेचैन होते रहते, कल्पना करते रहते कि अन्दर ये चल रहा होगा, वो चल रहा होगा।

उदित और सुमित का उसके गैंग में शामिल होना इति को अपनी जीत लगती। चाची इति को कुछ कहतीं, तो दोनों भाई उनसे लड़ पड़ते। दोनों की पूरी कोशिश रहती कि जिस समय इति को नहाने जाना हो, बाथरूम खाली रहे। जब वह किचन में कुछ बनाने जाये, तो किचन साफ़ रहे, सामान भी जगह पर रहे। जिस दिन श्रुति घर आ जाती, उस दिन

तो दोनों भाइयों की मौज हो जाती। बड़ी में सेक्स अपील था तो छोटी बिल्कुल छुइमुई परी सी। श्रुति को दोनों अपनी उम्र का मान कर छेड़ देते। उसका हाथ–वाथ भी पकड़ लेते। एक दिन गौरव ने दोनों भाइयों को श्रुति के साथ हँसी–ठिठोली करते देख लिया तो उन पर हुक्का–पानी ले कर चढ़ दौड़ा, 'शर्म नहीं आती क्या तुम दोनों को? भाभी की बहन से बेशर्मी से बात कर रहे हो। अगले साल कॉलेज जाओगे, ऐसे ही करोगे क्या? मालूम है न आजकल लड़कियों को छेड़ना ओल्ड फैशन माना जाता है? बुड़बक हो तुम दोनों। अकल नाम की चीज़ नहीं।'

दोनों जुड़वाँ भाई सिर झुकाकर बैठ गये, लज्जित टाइप। श्रुति को दया आ गयी, 'जाने दीजिए न जीजू, फ्रेंड्स हैं दोनों मेरे। थोड़ी–सी लिबर्टी लेते हैं, डजन्ट मैटर। मैं थोड़े ही न अपना सैंडिल उठाने जा रही हूँ?'

गौरव ने तुरन्त कहा, 'अरे नहीं श्रुति जी, आप हमारी बात समझी नहीं। गलत है न? आज हाथ पकड़ा है, कल कुछ और पकड़ेंगे। तब क्या करेंगी?'

बात गलत दिशा में पहुँचता देख श्रुति ने सँभालने की कोशिश की, 'ऐसा थोड़े ही करेंगे उदित और सुमित? देखिए, हमारे लिए इतनी दूर से हमारी पसन्द की आलू की टिक्की लेकर आये हैं, वह भी डबल मसाला डाल कर। दे आर जस्ट स्वीट जीजू।'

अब दोनों भाइयों के चेहरे पर हल्की–सी स्माइल आयी। उदित थोड़ा बकबकी था, उसने तुरन्त कहा, 'हम अगली बार आपके लिए सुन्दर नगर से सेव पुरी लेकर आयेंगे। एवन होता है वहाँ का।'

चाट–चाट में बात सँभल गयी। पर दोनों भाइयों की दोनों बहनों से आसक्ति नहीं गयी। उनकी नज़र में गौरव भैया महान ही इसलिए थे कि उन्होंने एक सेक्सी लेडी से लव मैरिज की थी!

गौरव का काम इस बार जम नहीं पाया। डुप्लीकेट माल का धन्धा ख़त्म सा हो गया। इस दौरान उसकी दोस्ती एक बुकी श्रीनि से हो गयी। देश में पहली बार इंडियन प्रीमियर लीग शुरू हो रही थी। हर तरफ़ ललित मोदी का जलवा था। आई.पी.एल. के फ़ाइनल्स में बुकी ने गौरव से कहा कि वह चेन्नई सुपर किंग पर दाँव लगा ले, अन्दर की ख़बर है, टीम शर्तिया जीतेगी।

गौरव पूरी तरह से श्रीनि के फेर में आ गया। पैसा लगाना है, आये कहाँ से? इति को बताना ठीक नहीं है। वैसे भी इन दिनों उसकी कमाई से ही घर चल रहा है। रात इति घर पर नहीं थी। गौरव बावला हो गया। अलमारी खँगालने लगा। उसके हाथ लग गया इति का डायमंड सेट, जो मम्मी ने उनको फर्स्ट एनिवर्सरी पर दिया था। सोने की चार चेन, नेकलेस, कुछ अँगूठियाँ और कान के झुमके। फटाफट श्रीनि को फ़ोन लगाया। श्रीनि ने कहा कल सुबह ये गहने मुथूट में गिरवी रखकर उसे पैसे दिलवा देगा। बस चार दिनों की बात है। एक जून, बस उसके बाद उसे पाँच गुना तो मिल ही जायेगा।

अगले दिन इति के घर लौटने से पहले गौरव सब गहनों की पोटली बाँधकर घर से निकल गया। उसे लगभग ढाई लाख रुपये मिले। सीधे श्रीनि को दे आया।

एक जून, 2008। वह दिन एक तारीख़ भर नहीं था गौरव के लिए। ललित मोदी की तरह उसकी ज़िन्दगी भी आमूलचूल बदलनी थी!

उस दिन इतवार था। सुबह से गहमागहमी। मैच शुरू होने से पहले सब ड्राइंग रूम में जम गये। इति पापकॉर्न बना लायी, सुमित बगल के हलवाई से समोसे ले आया था। बड़े काँच के गिलासों में ख़ूब बर्फ़ और पेप्सी डाल कर सब साँस रोक कर मैच देखने लगे। गौरव के अलावा बाक़ी सबके लिए वह एक खेल भर था। गौरव के लिए जीने–मरने का सवाल।

राजस्थान रॉयल्स जीत गयी, चेन्नई सुपर किंग्स हार गयी। इति को समझ नहीं आया कि इस बात से गौरव को पगलाने की क्या ज़रूरत? वह फ़ोन लेकर घर से बाहर क्यों चला गया है? किससे इतनी ज़ोर से बोल रहा है? किसे गाली दे रहा है?

वह घर के कपड़ों में थी, गौरव के पीछे वह भी सड़क पर आ गयी। गौरव अब रो रहा था। इति को समझ नहीं आया। क्या फिर से उसका कुछ नुक़सान हो गया? पर पिछली बार इतना तो नहीं रोया था? क्या हो गया है उसे?

पास जाकर उसने गौरव को टोका, गौरव उसे देखकर डर गया। आँखों में दहशत। इति घबरा गयी। उसका हाथ पकड़कर घर ले आई। गौरव जैसे कुछ बताने की स्थिति में नहीं था। साँस रुक–रुक

कर चल रही थी। चाचा को लगा, उसकी तबीयत ख़राब हो गयी है। डॉक्टर के पास चलें? आजकल तो यंग लोगों को भी हार्ट अटैक पड़ जाता है।

यशोदा अस्पताल ले जाते ही गौरव को ड्रिप चढ़ा दी गयी। ब्लड प्रेशर बढ़ा हुआ था। ईसीजी करवाया गया। देर रात तक वार्ड में गौरव की बेड के बगल में कुर्सी डालकर बैठी रही इति। समझ नहीं आ रहा था किसे बुलाये। इस समय उसे शिद्दत से याद आया अपना दोस्त मोनू। हर मर्ज़ का इलाज। उसके बचपन का बमचम।

मोनू ने फ़ोन उठा लिया। इति की बात सुनकर बस इतना कहा—तू घबरा मत, मैं आ रहा हूँ!

'ज़िन्दगी झण्ड है, फिर भी घमण्ड है...'

मोनू ने अपना पुराना वाला डायलॉग मारा।

इति का रो—रोकर बुरा हाल था। लक्ष्मी नगर के मेन रोड पर एक पुराने से खस्ताहाल रेस्तराँ में इस वक़्त दोनों बैठे थे। दिन के बारह बज रहे थे। मोनू उसे बता चुका था कि गौरव उसके सारे गहने गिरवी रखकर आई.पी.एल. में सट्टा लगाकर हार गया।

मोनू ही था, जिससे गौरव बात करने को तैयार हुआ था। गौरव ने उसे बता दिया, सट्टे के बारे में, गहने गिरवी रखने के बारे में।

रात को मोनू के हॉस्पिटल आ जाने के बाद जैसे इति की साँस में साँस आयी। मोनू तुरन्त गौरव से मिलने चला गया। लौटा तो उसके चेहरे पर अजीब सी, गन्दी वाली स्माइल थी। इति उसके कन्धे पर सिर रखकर रोना चाहती थी, देख मोनू, गौरव के साथ क्या हो रहा है? मोनू उसके पास बैठा नहीं, कॉफ़ी लाने चला गया। इति को उसने क़ॉफी पीने को दी, फिर धीरे से बम फोड़ दिया।

सुबह होते—होते श्रुति भी मम्मी के साथ आ गयी। सब गौरव को लेकर परेशान थे, ब्लड प्रेशर तो नहीं बढ़ गया, हार्ट अटैक तो नहीं आ गया? बेचारा, इस उम्र में इतनी टेंशन।

इति की आँखों में ख़ून—सा उतर आया। श्रुति ने जब उसका हाथ पकड़कर जानने की कोशिश की, 'जीजू की तबीयत कब से ठीक नहीं है? कुछ खा—पी रहे हैं?'

वह बहन का हाथ झटककर उठ खड़ी हुई। उस समय मोनू अस्पताल के बाहर खड़ा होकर सिगरेट पी रहा था। इति को अपनी तरफ़ आता देख उसने सिगरेट फेंक दी। इति के पैर डगमगा रहे थे। रात भर न सोने से सूजी आँखें, बिखरे बाल, मुसड़ा हुआ टी–शर्ट, घिसी हुई कैप्री। उसे बुरा लगा। कॉलेज की हॉट लड़की का यह हाल? पतन, घोर पतन।

फिर गुस्सा भी आया, मना किया था इस चिलगोज़े से शादी मत करो। नहीं, तब उसकी बात हँसी में उड़ा दी। अब? भुगतो। इश्क करती थी न उससे?

इति पास आ गयी। मोनू का हाथ पकड़कर बोली, 'चलो यहाँ से।'

'अभी? तुम्हारा हस्बेंड? डिस्चार्ज नहीं करवाओगी?'

'मोनू, ज़्यादा तमाशा न करो। तुम नहीं चलोगे, तो ख़ुद चली जाऊँगी। निकालो अपनी गाड़ी।'

मोनू ने कुछ दिन पहले ही नयी वैगन आर ख़रीदी थी। घर में अच्छा लड़का बनकर रहने का इनाम दिया था पापाजी ने। अब मोनू पापाजी को बिज़नेस चलाने में मदद करने लगा था। शाम को समय पर घर आता। लफंडरगिरी छोड़ दी। दोस्तों को फ्री में बियर पिलाना छोड़ दिया। किसी लड़की के साथ यारी–दोस्ती नहीं। एकाध साल में पापा जी जहाँ कहेंगे, शादी भी कर लेगा। तो एक ठीक सी गाड़ी तो बनती थी!

इति सैंडविच खा रही थी, कॉफ़ी पी रही थी।

अचानक उसने आँखें खाने पर से हटायीं, 'मोनू, गौरव शर्मिन्दा था? जब उसने तुमसे कहा कि...'

'हद है यार।' मोनू उखड़ गया, 'यू आर मैड। उसने तुम्हारे गहने चुरा लिए, सट्टे में लगा दिया और तुम्हें अभी भी उसकी फ़िक्र है? और कितनी बेइज़्ज़ती करवाओगी अपनी?'

'क्या करूँ? छोड़ दूँ? तलाक़ ले लूँ?' इति की आवाज़ भन्नाई हुई थी।

मोनू चुपचाप चाय पीता रहा। इस समय उसे इति को इस तरह से बिखरते देखकर अच्छा लग रहा था।

उसने चाय ख़त्म करने के बाद कहा, 'अभी नहीं। देखो, क्या करता है, क्या जवाब है उसका। एक बात है इति, तुमने खुली छूट दे रखी है उसे। स्साला...मज़े कर रहा है। तुम नौकरी करती हो और वो...चलो छोड़ो। देखते हैं। उठो अब। हॉस्पिटल में सब ढूँढ़ रहे होंगे तुम्हें।'

हॉस्पिटल से गौरव को मोनू ही अपनी गाड़ी में छोड़ने आया। रास्ते में गौरव ने मोनू के कान में फुसफुसाकर पूछा, 'तुमने इति को तो कुछ नहीं बताया?'

मोनू ने हाँ में सिर हिलाया, न ना में। बस जाते–जाते इति के कन्धे पर हाथ रखकर बोलकर गया, 'कुछ ज़रूरत हो तो फ़ोन कर लेना।'

घर में सब थे। चाचा–चाची, चाची की अम्मा, उदित–सुमित, श्रुति, मम्मी, दूर के मामा, पड़ोस में रहने वाले जग्गी अंकल, उनकी पत्नी, उनकी सिंगल बेटी।

गौरव बैठा था। सब उसका हालचाल ले रहे थे। श्रुति किचन में सबके लिए चाय बना रही थी और इति अपने कमरे में। अन्दर से बन्द कर लिया। सबके जाने के बाद गौरव से बात करेगी। लड़ेगी। उसका हस्बैंड चोर! उसका मंगलसूत्र भी नहीं छोड़ा। कैसे रहेगी इस आदमी के साथ? क्या सोच कर किया उसने? सरदार खुश होगा? शाबाशी देगा?

इति को ज़ोर से रोना आ गया। पापा ठीक थे। हमेशा। इस आदमी के लिए सबकुछ छोड़ कर आ गयी। क्या अब कभी ठीक हो पायेगा गौरव और उसके बीच? एक झटके से विश्वास की महीन लकीर पार कर गया गौरव। अगर आगे पैसे की ज़रूरत पड़ी, तो क्या पता उसे ही...? इति को झुरझुरी हो आयी। ये क्या सोचने लगी?

उठकर बैठी। हाथ–मुँह धोकर कमरे में आयी। पड़ोसी जा चुके थे। मम्मी परेशान थी, 'इति, तुम्हें क्या हो गया बेटा? तुम ठीक तो हो?'

गौरव ने उसकी तरफ़ दयनीय निगाह डाली, अपना हाथ उसकी तरफ़ बढ़ाते हुए कहा, 'तुम परेशान मत हो बेबी, सब ठीक हो जायेगा।'

इति ने उसका हाथ झटक दिया। श्रुति ने देख लिया।

उसने देखा तो और भी बहुत कुछ।

इति ने आधी रात मोनू को क्यों फ़ोन किया? मोनू के कन्धे पर सिर रखकर रो रही थी? जीजू बीमार हैं, ड्रिप लगा है, डॉक्टर आ रहे हैं? इति कहाँ है? सुबह नर्स ने कहा था, कुछ दवाइयाँ लेकर आने को। इति को ढूँढ़ती हुई निकली, वह मोनू के साथ गाड़ी में बैठकर उसके सामने फर्र से निकल गयी...

क्या चल रहा है दोनों के बीच?

बात करनी होगी इति से। अपनी दीदी के कई कारनामे सुने थे, कुछ

देखे भी थे। इति के दोस्त कहते थे, उसकी पीठ पीछे, बहुत फास्ट है। श्रुति को लगा था गौरव से शादी करके इति सुधर गयी है। ओह...उसकी आँखों के आगे से एक प्यार में पगे–लिपटे कपल का सपना टूटने सा लगा।

शाम तक मम्मी और श्रुति वहीं रुके रहे। आख़िरकार मम्मी उठ गयीं, 'गौरव जी। आप आराम कीजिए। कल आयेंगे। किसी चीज़ की ज़रूरत हो तो कह दीजियेगा। ठीक है इति। हम चलते हैं।' इति मम्मी और श्रुति को दरवाज़े तक छोड़ने गयी, रुककर बोली, 'मम्मी, कल आपको आने की ज़रूरत नहीं है। देख लूँगी मैं। फ़ोन कर दूँगी आपको।'

श्रुति ने पलटकर इति को देखा, नाराज़गी से, गुस्से से, 'ठीक है। पर तुम जो कर रही हो न, वह ठीक नहीं है।'

इति पहले समझी नहीं।

'मैं क्या कर रही हूँ श्रुति? यही तो कह रही हूँ कि मैं सँभाल लूँगी।'

'बस इतना ही? ठीक है।' श्रुति तेज़ क़दमों से आगे बढ़ गयी।

मैं सँभाल लूँगी...सुनने में और कहने में कितना आसान और सहज लगता है। पर है क्या? आख़िर सँभालना होता क्या है? इति ने गौरव से सवाल किया होता, तुमने मेरे साथ ऐसा क्यों किया? तुम्हें मेरे गहने ही मिले थे?

अगर वह और क्रूर होना चाहती तो यह कह सकती थी, तुमने मुझे आज तक कुछ दिलाया है, तुम्हारी क्या औक़ात है जो मेरे पेरेंट्स की दी हुई चीज़ चोरी कर ली?

गौरव का जवाब, गलती हो गयी, सोचा था एक दिन में लाखों कमा लूँगा। तुम्हारे गहने चोरी के इरादे से नहीं लिये थे। बस गिरवी...

इति उसकी बात पर कुछ देर रोती, उसे डाँटती, नाराज़ रहती, फिर यक़ीं कर लेती।

गौरव उसे मनाने की कोशिश करता, उसके लिए मनपसन्द चीज़ें ले आता, कहीं से पैसा उधार लेकर छुट्टियों पर ले जाता, और सब ठीक हो जाता।

सबकुछ इतना आसान होता तो क्या बात थी!

इति ने उससे कोई सवाल नहीं किया। उसने सीधे चाचा–चाची के सामने गौरव की पोल खोल दी।

इति को लग रहा था कि घर के बड़े अगर मामले में दख़ल देंगे, तो

शायद गौरव पर सही असर पड़ेगा। शायद...

गौरव को उम्मीद नहीं थी कि इति ऐसा करेगी। अगर वह अपनी मम्मी या श्रुति से कहती, तो वह बात सँभाल लेता। पर चाचा–चाची और चाची की अम्मा? जिनके सामने वह रॉबिन हुड बना घूमता है, इति उनके सामने सबकुछ कैसे कह सकती है!

हाँ, वह गुस्सा था, नाराज था, उसका दिमाग खराब था। उसका डिसीजन गलत था, उसने गलत टीम पर पैसा लगा दिया? तो? फाँसी पर चढ़ा दीजियेगा? गुस्से में उसने अपनी पत्नी को डाँट दिया, अपना मोबाइल पटक दिया। हाँ तो? वह अपनी मम्मी को बुलाये न? फट से मोनू को फोन घुमा दिया! मोनू कौन होता है हमारे बीच आने वाला? वह आकर फैसला करेगा कि हम मियाँ बीवी को कैसे रहना है? हमें बतायेगा कि कौन सही, कौन गलत है?

सोफ़े पर ठीक सामने बैठे हैं महाराज और लेक्चर दे रहे हैं कि गौरव, तुमने गलत किया है अपनी वाइफ के साथ।

अच्छा, किया तो? अपनी वाइफ के साथ किया है न? तुम्हारी कौन लगती है बे? काहे को बीच में आ रहे हो? स्साले मा... .त! गाली तो देंगे। जरूर देंगे। फ्रेंड बने फिरते हो। हमारी तरफ से भी तो बोलिएगा कि नहीं? हट्टट...!

इति को मोनू उकसा रहा है, 'हमने तो बहुत बेइज़्ज़ती करवा ली अपनी मैडम। तुम्हारी प्रॉब्लम है, तुम सॉल्व करो। हमारा तो भरोसा उठ गया दोस्ती से। स्साला...समझना ही नहीं चाहता। हमने कितनी बार कहा, कोई काम नहीं है तो हम पापा जी से बोल देते हैं, दुकान पर काम कर लो। पर नहीं जी। ये दुकान में काम क्यों करेंगे! इन्हें तो लाखों कमाना है...'

'चुप कर स्साले। नहीं तो मुँह तोड़ कर हाथ में रख देंगे, समझे।'

गौरव सच में उठकर मुट्ठी भींचते हुए उसके पास चला आया।

चाचा ने बीच–बचाव कर रोका उसे।

चाची थोड़ी स्टंड थी। समझ नहीं आ रहा था कि इस मामले में बोलने की उनमें लियाक़त है भी या नहीं? उदित और सुमित अपने हीरो भाई की बादशाहत को ढहते हुए देखकर दुखी थे। कल तक उनको आस थी, उम्मीद थी कि ज़िन्दगी और कुछ नहीं तो गौरव भैया की तरह तो बन ही जायेंगे। आज इस क्षण लग रहा है कि अपना आयडल

बदलना पड़ेगा। उस वक़्त मोनू में भी फॉलोअर बना सकने जैसी कोई चमक नहीं दिख रही थी।

हालाँकि इति में अब भी उन दोनों को सम्भावनाएँ दिख रही थी। गज़ब! कैसे हीरो की पोल खोल कर रख दी फ़ैमिली के सामने! अब भैया जन्म भर उनके आगे–पीछे घिघियाते घूमेंगे। झाँसी की नहीं, लक्ष्मी नगर की रानी इति बाई! वाह!

इति ने पता नहीं क्या सोचकर यह बात मम्मी और श्रुति को नहीं बतायी। यह तो उसे भी लगने लगा था कि अब कभी सबकुछ ठीक नहीं हो सकता। कुछ थोड़ा बहुत हो जाये, तो बड़ी बात है। पहले की तरह वह अपनी कॉल सेंटर की नौकरी पर जाने लगी थी। गौरव की तबीयत ज़रूर ठीक हो गयी, पर मन ठीक नहीं था। चाचा जब तब उसे कोंच कर पूछ लेते, 'का हो गौरव मियाँ, कुछ कामकाज कीजियेगा कि नहीं? अपनी वाइफ के गहने जल्दी छुड़ाने का प्रबन्ध कीजिए, वरना गहने तो हाथ से निकल ही जायेंगे, वाइफ की भी कौनो फिक्र है कि नहीं?'

गौरव खिसियाता उनकी बात सुन लेता। पहले की तरह दबंगई से धता दिखाने लायक वह नहीं रहा।

इति बहुत कम बोलने लगी थी उससे। पहले की तरह उसके खाने–पीने का ध्यान नहीं रखती। न ही बाहर जाते समय उसे बताकर या लेकर जाती।

हद हो गयी। स्साली जिन्दगी। क्या ऐसी होती है मैरिड लाइफ? इसी के लिए रोते–पीटते, सबसे लड़कर शादी की थी? छाती चौड़ी करके इस्क किया? यही तो वह लड़की थी जिसके पीछे दिन–रात, भूख–प्यास नहीं देखी। कितना सोचा था इस लड़की के लिए यह करेगा, वह करेगा। अब वह लड़की वाइफ बन गयी है तो प्यार गायब? नहीं, बिल्कुल नहीं। मोहब्बत तो अब भी वह इति से ही करता है। सड़क पर खड़े–खड़े सिगरेट फूँकते हुए श्रीमान गौरव जी को यह ज्ञान प्राप्त हुआ। इति ने अगर गुस्से में चाचा–चाची के सामने उसकी क्लास लगा दी, तो इसमें नाराज होने की क्या जरूरत है? काम तो उसके हाथों भी गलत ही हुआ है।

'हमको बात करनी चाहिए...'

शनिवार का दिन। दोपहर का वक़्त। इति सोकर उठ चुकी थी और किचन में कुछ खाना बनाने आयी थी। गौरव उसके पीछे–पीछे चला आया।

'किस बारे में?' इति ने उकताकर पूछा।

'देखिए मैडम! बहुत हुआ। यार समझा करो। तुम्हें क्या लगता है, तुम्हें दुख देकर हम खुश हो रहे हैं? माना कि हमारे कुछ प्लान गलत पड़ गये। हमारा इंटेंशन गलत नहीं था, तुम भी समझ रही हो यह। '

'करना क्या है?'

'बात। ऐसे नहीं। गुस्से से नहीं। देखो, चाचा–चाची और उस गधे मोनू को बीच में तुम लेकर आयी न। उससे कोई बात तो बनी नहीं। बस हमारी इज्जत और चली गयी।'

इति ने अबकी उसकी तरफ़ गुस्से से देखा, 'बड़ी परवाह है तुम्हें इज़्ज़त की! यह पहले सोचना चाहिए था न। मेरे बारे में कभी सोचा है तुमने? मैं क्यों रहती हूँ तुम्हारे साथ? तुमने मेरे साथ जो कुछ किया है उसके बाद भी। मैंने मम्मी को नहीं बताया, श्रुति को नहीं बताया...बताती तो पता है क्या होता? पापा अपनी पिस्तौल लेकर यहाँ आ जाते, फिर...'

इति अपने को रोक नहीं पायी, सुबकने लगी। गौरव ने आगे बढ़ कर उसे बाँहों में ले लिया, 'पगली हो तुम। बात हमें ना करनी है। हमें सौल्युसन ढूँढ़ना है न। दूसरों को बीच में क्यों लायें, बूझ रही हो न?'

इति ने गौरव की बाँहों से अपने को छुड़ाते हुए कहा, 'तुमको अब मेरी परवाह नहीं रही गौरव। तुम हमसे दूर चले गये हो।'

गौरव उसके और पास आ गया, 'नो बेबी। ऐसा बिल्कुल नहीं है। यू आर माई लाइफ। प्लीज। हम बहुत जल्दी में बहुत कुछ ठीक करना चाह रहे थे। देखो जान, हमसे गलती हो गयी। सॉरी।'

इति ने सिर उठाकर उसकी तरफ़ देखा, पिछले डेढ़ साल का वक़्त बहुत आराम से नहीं गुज़रा था। हर एक की ज़िन्दगी में उतार–चढ़ाव आते हैं। पर इस तरह से?

गौरव घेर–घार कर उसे कमरे में ले आया। इति को बिस्तर पर बिठा कर ख़ुद नीचे बैठ गया और उसका दायाँ हाथ अपनी गोद में रख लिया। दोनों देर तक यूँ ही बैठे रहे। वह धीरे–धीरे गौरव के शरीर से निकलते आँच को महसूस कर पा रही थी। उसके ठण्डे हाथ में हल्की–सी गर्मी आयी। जिन दिनों वे ब्वॉयफ्रेंड–गर्लफ्रेंड हुआ करते थे, एक–दूसरे के शरीर से आती यही आँच उन्हें इश्क़ की तपिश से गर्माये रखती थी।

इश्क़...वो चाँद–तारों वाले दिन और डूबी–डूबी रातें।

'कहीं बाहर चलें?' गौरव ने हौले–हौले उसके हाथ को सहलाते हुए पूछा।

इति ने सिर हिलाया, 'कहाँ?'

'पुरानी दिल्ली। तुम्हें पसन्द है न? पहले की तरह भटकेंगे, इधर–उधर।'

मौसम में ख़ुमारी–सी थी। जामा मस्जिद के सामने पान की दुकान पर दोनों हाथों में हाथ डाले खड़े थे। कुछ देर पहले ही करीम से मटन बर्रा, ख़मीरी रोटी और अफ़गानी चिकन खाकर निकले थे। सँकरी–सी सड़क पर भीड़ का रेला–सा साथ चल रहा था।

अपनी घेरदार स्कर्ट को उठाकर, बचते–बचाते इति ने गौरव का हाथ कसकर पकड़ लिया।

गौरव बिना कुछ बोले उसे पान की दुकान पर ले आया। अपने लिए तीन सौ बीस वाला पान बनवाया और इति के लिए बनारसी पत्ती में ख़ूब सारा गुलकन्द डाल कर मीठा पान।

पान को मुँह में गुलगुलाते हुए इति थोड़ा–सा पीछे खिसक आयीं। जामा मस्जिद की बुलन्द इमारत रोशनी से जगमगा रही थी।

वह एकटक देखने लगी। मुँह में हल्का–सा मीठापन, हवाओं में हल्की–सी नमी। लम्बी–सी साँस लेकर उसने अन्दर तक ऑक्सीजन को जाते महसूस किया। गौरव उसके क़रीब आ गया था। इस गौरव को वह जानती थी, अपना हाथ आगे बढ़ाकर उसने उसका हाथ थाम लिया।

धीरे–से बोली, 'कुछ देर बैठें...' जामा मस्जिद की सीढ़ियों की तरफ़ उसने इशारा किया। दोनों चुपचाप सीढ़ियों की तरफ़ बढ़ गये।

इस समय हवाओं में और माहौल में इतनी गुफ़्तगू चल रही थी कि उन दोनों को कुछ बोलना नहीं पड़ा। सीढ़ियों पर दो ख़ूबसूरत से पप्पीज खेलते–कूदते, गुत्थमगुत्था होते हुए लुढ़कते हुए उनके पास आ गये।

पिल्लों के हल्के स्पर्श से गुदगुदी हुई, इति ने पैर समेटने की कोशिश की। इस समय वे दोनों मुस्करा रहे थे, जैसे न अपनी कोई फ़िक्र हो न दुनिया की।

कितना वक़्त हो गया था दोनों को इस तरह से बैठकर। दूर कहीं हल्की–सी घण्टी बजने जैसी आवाज़ आ रही थी। इति ने ध्यान नहीं दिया। गौरव ने कहा, 'मोबाइल तो नहीं बज रहा...'

अपने राजस्थानी गोटे–काँच से सजे बैग में हाथ अन्दर डालकर इति ने फ़ोन तलाशा। सच में। मम्मी के दो मिस्ड कॉल थे। इन दिनों मम्मी से कम बात होती थी। दो दिनों से तो बिल्कुल नहीं हुई।

इति ने मम्मी को फ़ोन लगाया, फ़ोन एंगेज आया।

कुछ सोचकर उसने श्रुति का नम्बर लगाया। श्रुति ने फ़ोन उठा लिया।

'हैलो, श्रुति, मम्मी कहाँ है? तेरे आसपास है तो बात करा। कोई ख़ास बात हो गयी, मम्मी फ़ोन कर रही थीं?'

श्रुति की आवाज़ में कुछ तो अनपहचाना–सा लगा, 'मैं बाहर हूँ दी।'

'कहाँ?'

'पार्लर में।'

'इस वक़्त?'

'वो...मम्मी बतायेंगी। मैं उनको बोल देती हूँ। ठीक है न। कल टाइम से आ जाना।'

श्रुति ने फ़ोन रख दिया। इससे पहले कि इति सँभलती, मम्मी का फ़ोन आ गया।

इति ने छूटते ही सवाल फेंका, 'मम्मी, कल क्या है? श्रुति इस समय पार्लर में क्या कर रही है? कोई बात हो गयी?'

मम्मी कुछ जल्दी में लग रही थीं, 'तू फ़ोन क्यों नहीं उठाती इति? कब से लगा रही हूँ। अच्छा सुन। कल शाम को श्रुति की इंगेजमेंट रखी है, सिल्वर बैंकेट हॉल में। शाम को सात बजे से। तुम लोग टाइम पर आ जाना।'

'ऐसे कैसे? तुम लोग उसके लिए लड़का देख रहे हो, मुझे बताया नहीं? सीधे इंगेजमेंट?'

'तेरे पापा ने डिसाइड किया है। तुम मिल लेना न कल। देख इति, भतेरे काम पड़े हैं मेरे। कल जल्दी आ जाना। सुन, वो साड़ी पहन लेना, जो तुझे बर्थडे में दी थी। बाक़ी यहाँ देख लेंगे। अच्छा!'

फ़ोन रखने के बाद इति चुप रह गयी। श्रुति का इंगेजमेंट? मुझे बताया तक नहीं। पूछा नहीं। दिखाया नहीं। श्रुति ने भी नहीं।

जामा मस्जिद की सीढ़ियों पर बैठकर चंद मिनट पहले ही वह सोच

रही थी कि ज़िन्दगी बस यूँ ही चलती रहे तो कितना अच्छा हो। मिनट भर बाद एक अजीब सी सच्चाई से सामना हो गया। ये होती है ज़िन्दगी और ऐसे होते हैं अपने लोग। क्या अब मैं सलूजा परिवार के लिए कुछ भी न रही? बस एक मेहमान? जिससे कहा गया है कि कल के फंक्शन में टाइम से आ जाये।

वह भावुक होना चाहती थी, पर पता नहीं क्यों उसे न रोना आया और न गुस्सा। उसने बहुत सपाट आवाज़ में गौरव को बताया, 'कल श्रुति की इंगेजमेंट है। बुलाया है हम दोनों को।'

गौरव ने कोई प्रतिक्रिया नहीं दी। बल्कि इति का हाथ थामकर चुपचाप बैठा रहा।

अचानक उसने कहा, 'इति, हम न आयें तो?'

इति ने चौंककर उसकी तरफ़ देखा।

'दूसरा कोई मतलब मत लगाना, प्लीज। हमें वहाँ देखकर पता नहीं पापाजी को अच्छा लगेगा भी या नहीं। हमें कोई उनसे अलग से इन्वीटेशन की जरूरत नहीं है। तुमको कह दिया काफी है। हमारे जाने का मतलब होगा कि पापाजी को सबसे हमारा परिचय करवाना होगा, बड़ी बेटी का दामाद। समझीं न? तुम जाओ न। सुबह चली जाना। हेल्प कर देना। मम्मी को कह देना कि तबीयत अभी ठीक नहीं हुई हमारी। उन्होंने तो देखा है, कुछ दिनों पहले। समझ जायेंगी।'

इति ने सिर हिलाया और गौरव का हाथ कसकर पकड़ लिया। पापा ने आख़िर बदला ले ही लिया न!

मम्मी ने बर्थडे पर गुलाबी शिफ़ॉन की साड़ी प्रेजेंट की थी। किनारे पर हल्की–सी सरोस्की का काम। इति ने इसके साथ चोली कट गोल्डन ब्लाउज़ बनवाया था। अपनी कॉलेज फ्रेंड की शादी में एक बार पहना था।

दोपहर को अलमारी से साड़ी निकालकर उसने बिस्तर पर फैला दी। मैंचिंग पेटिकोट और गोल्डन ब्लाउज़ पहनकर आईने के सामने खड़ी हो गयी। सुबह बाल वॉश कर ब्लो ड्राई कर लिया था। कन्धे तक कटे बाल बेफ़िज़ूल से नीचे गिर रहे थे। चेहरे पर उसने क्रीम की एक परत लगाकर फ़ाउंडेशन और ब्लश लगाया। पलकों पर गोल्डन रंग का आई शैडो, मस्कारा और गहरे काले रंग के लाइनर से तीखी लाइन खींचने के

बाद उसे एहसास हुआ कि आईना कुछ और ही दिखा रहा है। न, आज के प्रोग्राम के लिए इतना सजने–सँवरने की ज़रूरत नहीं है।

उसने तुरन्त पेटिकोट और ब्लाउज़ उतार फेंका। अलमारी से हरे रंग का अनारकली सूट निकाला। आँखों का मेकअप कम किया। बालों को पीछे कर एकदम से जूड़ा–सा बना लिया। छोटी–सी बिन्दी। माथे पर हल्का–सा सिन्दूर।

साथ में उसने मोटा शॉल ले लिया। मम्मी ज़रूर पूछेंगी, डायमंड सेट क्यों नहीं पहना? मंगलसूत्र कहाँ है? जवाब तैयार रखना ज़रूरी है।

तैयार होकर वह कमरे में आयीं। गौरव कम्प्यूटर पर कुछ काम कर रहा था। आहट सुनकर गौरव पलटा, 'अच्छा, साड़ी नहीं पहनी? क्यों? इतना सिम्पल जाओगी?'

'मुझे कौन वहाँ देखेगा? मैं बस चेहरा दिखाकर आ जाऊँगी।'

'अरे नहीं। मम्मी जी के पास रहियेगा। उनको तुम्हारी ज़रूरत है आज।'

सुमित ने अपनी स्कूटी से उसे छोड़ने की पेशकश की, वह मान गयी। और कोई दिन होता, तो वह बिना टैक्सी किये नहीं जाती।

बिल्डिंग के सामने उसे उतारकर सुमित चला गया। नीचे से ही गहमागहमी थी। पापा के फ्रेंड्स, कॉलोनी के लोग। मेरठ वाली बुआ। श्रुति के कॉलेज के फ्रेंड्स।

वह सबसे बचते–बचाते अपने फ़्लैट में पहुँची। मम्मी बाहर ही मिल गयी। बरगंडी बनारसी साड़ी, चेहरे पर डार्क मेकअप जो पसीने से भीग कर अजीब लग रहा था। दो लड़ी का सोने का हार, कानों में हीरे की झुमकी, हाथ में भारी वाली रोलेक्स की घड़ी। मम्मी पूरी ब्रांड लग रही थीं।

इति पर नज़र पड़ते ही नाराज़ होकर बोलीं, 'सुबह नहीं आ सकती थी? सब कुछ मैं ही करूँ? ये कैसे आ गयी तू? साड़ी क्यों नहीं पहनी? जाकर कमरे में तैयार हो जा श्रुति के साथ।'

कमरे के अन्दर नीले रंग के लहँगे और ऑरेंज रंग की चोली में उसके सामने खड़ी थी छोटी बहन। इति को देखते ही कमरे में जमे दूसरे लोगों ने उसके लिए जगह बना दी। मेरठ की चाची की बेटी राजवी कुछ ज़ोर से बोली, 'फ़ैशन क्वीन, मिस इंडिया इति आ गयी हैं। पीछे हटो, हमारा अब यहाँ क्या काम?'

हाँ, एक वक़्त था, जब इति की छोटी–बड़ी, पास की–दूर की बहनें

उससे फ़ैशन और ट्रेंड की टिप्स लिया करती थीं। इति के हेयर स्टाइल, इति के कपड़ों की स्टाइल, सैंडिल और हील शूज़ की तो सब दीवानी थी।

श्रुति एक शर्मीली हँसी के साथ इति की तरफ़ घूम कर बोली, 'जोकर तो नहीं लग रही न। दी, मुझे ये पार्लर वाली हेयर स्टाइल अच्छी नहीं लग रही। बाल खोल लूँ, बताओ।'

कहते–कहते श्रुति ने वाक़ई बाल खोलकर कंघी इति के हाथों में थमा दी। इति धीरे–धीरे श्रुति के बालों में कंघी फेरने लगी। ड्रेसिंग टेबल पर सोने के गहने का सेट रखा था, जड़ाऊ कुन्दन। मम्मी ने कभी कहा था कि ऐसा सेट इति को दिलवायेगी उसकी शादी पर।

कमरे से भीड़ छँटने लगी। मम्मी कमरे में आ गयीं। श्रुति लगभग तैयार थी। इति को देखकर मम्मी ने कुछ ज़ोर से कहा, 'ये क्या इति? तैयार क्यों नहीं होती? दस मिनट में बैंक्वेट हॉल जाना है। साड़ी लायी है न?'

'मैं ठीक हूँ मम्मी ऐसे ही।'

'अरे नहीं। साड़ी नहीं तो लहँगा पहन ले। श्रुति, वह ऑफ़ व्हाइट लहँगा निकाल, जो पापा लखनऊ से लेकर आए थे...'

पापा कब से लहँगा ख़रीदने लगे? श्रुति के लिए लेकर आये? फिर वह क्यों पहने?

श्रुति अलमारी से लहँगा निकालने बढ़ी, इति ने रोक लिया, 'रहने दे। मुझे सज कर क्या करना है?'

'हमें तो करना है न। तेरी बात निराली है इति। वैसे तो रोज़ ही सज–धज कर बैठेगी, आज घर में फंक्शन है तो ये मुँह लेकर खड़ी हो गयी है। जल्दी करो तुम दोनों, और भी पच्चीसों काम हैं।'

मम्मी आँख दिखाकर चली गयी।

कमरे में बस दोनों बहनें रह गयीं।

'तो श्रुति, इतनी जल्दी कैसे हो गया सब कुछ? तूने बताया नहीं।'

'दी। पापा जी ने टाइम ही नहीं दिया। शायद उन्हें लग रहा था कि कहीं मैं भी तुम्हारी तरह लव मैरिज न कर लूँ।'

इति का उतरा चेहरा देख श्रुति ने बात बदलते हुए कहा, 'पापा को लखनऊ में मिले थे साहनी अंकल। पहले से जानते हैं। यहीं दिल्ली में नजफगढ़ के रहने वाले हैं। उनका बेटा आई.ए.एस. में निकल गया। लास्ट संडे पापा ने उनकी फ़ैमिली को घर पर डिनर के लिए इन्वाइट

किया था। बस, वहीं फ़ाइनल कर दिया। साहनी अंकल की मम्मी जी बीमार रहती हैं। वे जल्दी मचा रही थीं, सो ...'

'नाम क्या है मिस्टर आई.ए.एस. का?'

'अरविन्द। दिखने में बस सोसो है। पर ठीक है न दी। अरैंज्ड मैरिज में इतना सब देखते हैं क्या?'

'बात की तूने उससे?'

'सबके सामने, बस हाय–हलो।'

'तूने ओके कर दिया?'

'दी, मेरे पास ऑप्शन क्या था? पापा न नहीं सुनना चाहते थे। बहुत दिनों बाद ख़ुश दिख रहे थे।'

इति ने आगे कुछ नहीं पूछा। पापा ऐसा क्यों कर रहे हैं, यह समझ नहीं आया। ज़िन्दगी भर हम बहनों को इतनी आज़ादी दी, सोच दी, अपने डिसिज़न ख़ुद उठाने की हिम्मत दी। फिर शादी के नाम पर इतने रिज़िड क्यों हो गये?

पर यह सवाल वह पापा से पूछने से डरती थी।

श्रुति को तैयार करके वह कमरे से बाहर ले आयी। उसने पास आ कर धीरे–से पूछा, 'जीजू कहाँ हैं? बैंक्वेट हॉल में?'

'नहीं आये।'

'क्यों?'

'बस।'

'मेरी ज़िन्दगी का इतना इम्पॉर्टेंट दिन है और तुम बस कह रही हो?'

'ही इज़ नॉट वेल।'

'अरे। मेरी इन्गेजमेंट है। उन्हें आना चाहिए। आपने कहा क्यों नहीं?'

इति ने बस बहन का हाथ पकड़कर हल्के से दबा दिया, सामने से पापा आ रहे थे। इति ने उन्हें देखकर नमस्ते कहा, न जाने क्यों पापा उसके पास रुककर उसके सिर पर हाथ रखते हुए आगे निकल गये।

इति श्रुति से दो क़दम पीछे आ गयी। उसकी आँखें भर–सी आयीं। धीरे–धीरे वह सबसे पीछे हो ली। घर में हर तरफ़ रौनक थी, अन्दर–बाहर रोशनी जगमगा रही थी। बस उसके अन्दर कुछ अँधेरा–सा सुलगने लगा। क्या था वो?

बैंक्वेट हॉल जाने के लिए दोनों बहनें एक साथ सुमो में बैठीं। पापा ने कई गाड़ियाँ मँगा रखी थीं। ड्राइवर के बगल में चाची।

श्रुति ने कहा, 'मुझे अपना मोबाइल दो।'

इति ने हाथ में पकड़ा मोबाइल उसे थमा दिया।

'जीजू को फ़ोन लगाकर दो।'

'क्यों? कुछ पूछना है?'

'नहीं झगड़ा करना है। लगाओ तो उनका नम्बर।'

इति ने गौरव का नम्बर मिलाकर उसे दे दिया।

उधर से गौरव की आवाज़ आयी, 'हाँ बेबी, बोलो।'

'मैं बड़ी वाली बेबी नहीं, छोटी बेबी बोल रही हूँ। आप घर पर क्या कर रहे हैं जीजू? आपको पता है न आज क्या है? आपकी कोई रेस्पॉन्सिबिलिटी नहीं है क्या? मैं कुछ लगती नहीं आपकी? आई नो आपकी तबीयत ठीक नहीं है। पर एक क्रोसिन गटकिए और फ़ौरन यहाँ पहुँचिए।'

गौरव ने पता नहीं वहाँ से क्या कहा, श्रुति कुछ ज़ोर से बोली, 'आपको हर बात के लिए इति की परमिशन चाहिए क्या? हद है जीजू। आज आप नहीं आयेंगे तो आई विल नॉट टॉक टू यू फॉर एवर...'

श्रुति ने फ़ोन ऑफ़ कर इति के हाथ में दे दिया। अब भी वह गुस्से में लग रही थी, 'तुमने मना किया क्या जीजू को यहाँ आने से?'

'मैं क्यों करूँगी?'

'पता नहीं। सच बताओ दी। आप दोनों के बीच सब ठीक है न?'

'ऐसे क्यों पूछ रही है?'

श्रुति ने जवाब नहीं दिया। रुककर ठहरकर बोली, 'तुम दोनों मुझे बहुत आइडियल कपल लगते थे। तुम्हें देखकर लगता था मुझे भी लव मैरिज करनी चाहिए। पर...।'

इति ने कुछ कहना चाहा, पर वे लोग बैंक्वेट हॉल पहुँच गये थे।

इति सबकी नज़रों से दूर खड़ी होना चाहती थी। पर मम्मी ने उसे लगभग खींच कर श्रुति के पास खड़ा कर दिया।

पापाजी सबके गले लग रहे थे। सामने एक दुबला–पतला लड़का खड़ा था, डिज़ाइनर शेरवानी में। श्रुति ने उसकी तरफ़ देखकर इति को इशारा किया।

'मिस्टर आई.ए.एस.।'

श्रुति मुस्करायी, 'हूँ। क्या रहा फ़र्स्ट इम्प्रेशन?'

'फ़र्स्ट इम्प्रेशन से मुझे क्या करना है?'

'फिर भी।'

'तेरे से कोई मुक़ाबला नहीं है श्रुति।'

श्रुति की आँखें अचानक दूसरी तरफ़ टिक गयीं। इति ने उसकी नज़रों का पीछा किया।

वहाँ गौरव खड़ा था। जीन्स और मैरून कुरते में।

हाथ पीछे बाँधे।

श्रुति की आँखों में चमक आ गयी। वह इति की तरफ़ देखकर मुस्करायी। श्रुति को देखकर वह हाथ हिलाते हुए चला आया।

'कमाल हो तुम भी साली जी। ऐसी धमकी?'

'क्या करती जीजू। उसके बिना आप आते क्या?'

'वह तो है। बताइए क्या हुक्म?'

श्रुति हँसने लगी, 'बस, आप आ गये न, इतना काफ़ी है।'

मम्मी पास आ गयी। गौरव ने उनके पैर छुए तो मम्मी ने नाराज़ होते हुए कहा, 'ये वक़्त है आने का बेटे? कितने काम रहते हैं घर में। और कोई आया नहीं तुम्हारे घर से? तुम्हारे चाचा–चाची? भाई?'

गौरव जवाब देता, इससे पहले मम्मी श्रुति को लेकर आगे निकल गयीं। इति से पीछे आने का इशारा किया। वह वहीं रुकी रही।

'तुम्हें आना था तो मेरे साथ ही आ जाते?'

गौरव को शायद उम्मीद थी कि इति ऐसा ही कोई सवाल करेगी। उसने कहा, 'तुम्हारे फोन से ही तो बात कर रही थी श्रुति। सुना नहीं क्या–क्या कह रही थी?'

इति जवाब देने वाली थी कि पापा ने दूर से इशारे से उसे बुलाया, सिर्फ़ इति को...

इति गौरव को रुकने का इशारा करके पापा के पास गयी। पापा अपने कुछ मेहमानों से उसे मिलवाने लगे। श्रुति के होने वाले सास–ससुर, रिश्तेदार सबने उसे घेर लिया। फ़ैमिली फ़ोटो के लिए कहने लगे।

इति ने इधर–उधर देखा, गौरव कहीं नज़र नहीं आया। उसने पीछे हटकर गौरव को फ़ोन लगाया, कहाँ चला गया? उसका फ़ोन एंगेज्ड आ रहा था।

इति झल्लाने लगी। इधर मम्मी लगातार उसे सुनाये जा रही थी, 'श्रुति को स्टेज पर लेकर जा। देख, इस बैग में अँगूठी है। अपने हाथ में रख। चलो, जल्दी करो।'

स्टेज पर ख़ूब रोशनी थी। नीले और सफ़ेद फूलों की सजावट। नीचे गुलाबी कालीन। सिर के ऊपर गेंदे के फूल की लड़ियों से बना मण्डप। बैकग्राउण्ड में शहनाई बज रही थी। श्रुति को स्टेज पर चढ़ाकर वह पीछे होने वाली थी कि श्रुति ने उसका हाथ पकड़ लिया, 'दी, जीजू कहाँ रह गये? उन्हें पीछे छोड़ आयी क्या?'

झल्ला गयी इति, 'हाँ, छोड़ आयी। तू अपना काम देख न सिस्टर। अपने आई.ए.एस. को सँभाल।'

मम्मी–पापा स्टेज पर आ गये। आई.ए.एस. भी अपनी फ़ैमिली के साथ आ गया। ऊपर से गुलाब की पंखुड़ियों की बरसात। मम्मी ने उसके कान में फुसफुसाते हुए कहा, 'अँगूठी निकाल।'

बैग में से नीले रंग के रेशम के डिब्बे को टटोलकर निकाला। बॉक्स खोलते ही आँखें चुँधिया गयीं।

सॉलिटेयर। सोने की खोल में चमचमाता बड़ा–सा हीरे का टुकड़ा मुस्करा रहा था।

जिस उँगली में वह पहनाया जाना था, उसके चेहरे पर कोई भाव नहीं आये। या तो वह उसका क़द्रदान ही नहीं था या उसका मोल नहीं जानता था!

आई.ए.एस. की उँगली में राजसी हीरे ने इठलाने की कोशिश की, ख्वाहमख़ाह! इस समय इति को उस हीरे में गौरव की आँखें क्यों नज़र आने लगी हैं?

श्रुति की उँगली में पाँच नगीने की अँगूठी आ गयी। तालियाँ। शोर–शराबा।

पापा ख़ुश लग रहे हैं। अपने मन का करने को जो मिल गया। मम्मी चहक रही हैं, बेटी की शादी बड़े घर में जो हो रही है।

स्टेज पर मम्मी–पापा की दोनों बेटियों के चेहरे पर कोई ख़ुशी नहीं दिख रही। इति अचानक इस माहौल में अपने को अलग–थलग पा रही है।

धीरे–धीरे स्टेज पर मिलने–मिलाने वाले आने लगे। श्रुति की पकड़ से इति का हाथ छूट गया। वह सरकते–सरकते पीछे की तरफ़ से स्टेज से उतर गयी। हॉल के अन्दर उसे गौरव नज़र नहीं आया। हॉल के

बाहर भी नहीं।

वह चलते–चलते सड़क तक आ गयी। गौरव का मोबाइल स्विच्ड ऑफ़ आने लगा। रुककर उसने घर पर सुमित को फ़ोन लगाया, 'हाँ सुमित। खाना खा लिया तुम लोगों ने? अच्छा, भैया घर पर आ गये क्या? नहीं, ऐसे ही पूछ रहे थे। फ़ोन नहीं लग रहा। अच्छा, घर आयें तो कहना अर्जेंट बात कर ले।'

कुछ देर वह यूँ ही खड़ी रही। वापस बैंक्वेट हॉल जाने का मन नहीं था। मम्मी ढूँढ़ रही होंगी। बिना बताए कैसे चली जाये? वह घूम–फिर कर वापस बैंक्वेट हॉल में आ गयी।

स्टेज के आसपास भीड़ थी। दूसरी तरफ़ खाना लग गया था। तीसरी तरफ़ ड्रिंक्स। उसके सामने दुनिया का मेला लगा था, मेले में लड़की, लड़की अकेली, बस उसका नाम शन्नो नहीं था।

क्या हो रहा है इति? अपनी बहन की इंगेजमेंट से ख़ुश नहीं हो? वह सॉलिटेयर आँखों में क्यों खटक रहा है? दो–तीन लाख की अँगूठी।

कितना कुछ आ रहा है आँखों के सामने। पापा का उससे यह कहना कि वह गौरव को छोड़ दे। फिर उसकी तरफ़ पैसों का बैग फेंकना और...

क़दम अपने आप ड्रिंक काउंटर की तरफ़ चल पड़े। कुछ जाने–पहचाने चेहरे। पड़ोस में रहने वाले बट्टू को धीरे–से बुलाकर कहा, 'एक लार्ज वोदका बनवा ला मेरे लिए। देख, बिना नाटक के किसी को बताये दे जाना।'

बट्टू उसके लिए ड्रिंक ले आया। वह हॉल के पीछे हिस्से में चली आयी। बट्टू भी हाथ में स्नैक्स की प्लेट लेकर उसके पास चला आया। इति के पास इतना वक़्त नहीं था कि वह धीरे–धीरे घूँट–घूँट जाम का मज़ा लेती। एक झटके में गिलास खाली कर उसने बट्टू के हाथ में दे दिया। बट्टू इशारा समझकर दूसरा पेग बना लाया। इति ने चुपचाप जाम उठा लिया। बट्टू ने उसकी तरफ़ प्लेट बढ़ाया। इति ने एक कॉकटेल समोसा उठाया, एहसास हुआ कि सुबह से बस उसने दो कप चाय पी है, कुछ खाया नहीं। समोसा खाते ही उसे अन्दर तक सबकुछ हिलता हुआ महसूस हुआ।

बट्टू किसी तरह उसे वाशरूम लेकर गया था। वॉमिट करने के बाद इतनी कमज़ोरी महसूस हुई कि वह खड़ी नहीं रह पा रही थी। हॉल में एक सोफ़े पर उसे बिठाकर बट्टू मम्मी को बुला लाया। इति सोफ़े पर लुढ़की पड़ी थी। मम्मी परेशान हो गयी। उसे उठाकर पानी पिलाया।

सेवन अप मँगवाया।

उस समय डीजे पूरे जोश में लेटेस्ट गाने बजा रहा था, देसी गर्ल देसी गर्ल...

आई.ए.एस. श्रुति को खींचकर डांस फ़्लोर पर ले जा रहा था। श्रुति ने आवाज़ लगायी, 'इति दी, आओ न।' इति की बन्द आँखें झटके में खुल गयीं। श्रुति को आई.ए.एस के रिलेटिव्स घेरकर नाच रहे थे, नचवा रहे थे। कुछ लोग मम्मी के पास भी आ गये, उन्हें खींचते हुए डांस फ़्लोर तक ले गये। मम्मी, पापा, आंटी–अंकल देसी गर्ल पर ठुमकने लगे। पापा हँस रहे हैं, मम्मी शरमा रही हैं। सब हैप्पी, सब कुछ हैप्पी। बस हैप्पी सिंग कहीं नज़र नहीं आ रहा।

मम्मी परेशान थी, 'तबीयत ख़राब थी तो बताना था न। चल बैठ जा अब। यहीं रहना रात को। सुबह डॉक्टर को दिखा देंगे।' रात के बारह से कुछ ऊपर हो चले थे। अभी–अभी सब बैंक्वेट हॉल से घर लौटे थे।

इति ने कहा था, मुझे घर जाना है। कोई गाड़ी है तो छुड़वा दीजिए।

मम्मी ने उसे जाने नहीं दिया। बल्कि श्रुति से कह दिया, 'अपनी एक नाइटी दे दे इसे। कल आराम से सोकर उठना। चल, किचन में आ। गर्म दूध में हल्दी मिलाकर दे रही हूँ। ज़्यादा चींचूं मत करना।'

किचन में आकर माइक्रोवेव में दूध गर्म करते समय मम्मी को ख़याल आया, 'अरे इति, गौरव कहाँ चला गया? बाद में दिखा नहीं? बोलकर भी नहीं गया।'

श्रुति की काली नाइटी में इति किचन के प्लेटफ़ॉर्म पर उचककर बैठी थी। हाथ में दूध–हल्दी का गिलास लेते हुए उसने कुछ रोष में कह दिया, 'यहाँ किसी को गौरव की पड़ी है क्या? सच बताऊँ मम्मी तो मेरी भी नहीं पड़ी है। मुझे तो आप सबने दूध में मक्खी सा निकाल दिया है।'

'हल्दी–दूध दे रही हूँ, कमबख़्त। और क्या जान लेगी?' मम्मी ने वाक़ई उसके सिर पर हल्की चपत लगा दी।

'मेरे हिस्से यही रह गया मम्मी।'

मम्मी की आँखों में हल्का–सा रोष आया, 'हिस्से वाली बात कहाँ से आयी इति?'

'जाने दो मम्मी। दिख रहा है न सबकुछ। बड़ा वाला सॉलिटेयर...

लाखों का ख़र्चा।'

'मुँह बन्द रख। पापा के सामने न कह देना। तेरे लिए कोई कम प्लानिंग थी क्या उनकी?'

'प्लानिंग? मम्मी ये तो ब्लैकमेलिंग है। ऐसे चू...से शादी कर रहे हो श्रुति की। देखा नहीं, उसके चेहरे पर ज़रा भी ख़ुशी नहीं थी। अपनी दोनों बेटियों का कूड़ा कर डाला है आप दोनों ने।'

'क्या बक रही है? बेटियों के फ़्यूचर के लिए सोचना ग़लत है क्या?'

आवाज़ सुनकर श्रुति भी किचन में आ गयी। घर के पाजामे–टी शर्ट में। इति से चिपककर वह भी किचन की प्लेटफ़ॉर्म पर बैठ गयी। अचानक उसने कहा, 'दी सही कह रही है मम्मी!'

श्रुति : अब छोटी बेबी बोलेंगी

श्रुति ने अचानक कहा, 'मम्मी, आप लोगों ने इंगेजमेंट की जल्दी मचाई थी, प्लीज़ अब मैरिज के लिए मुझे ब्लैकमेल न करें। आई एम नॉट रेडी।'

मम्मी और इति ने उसकी तरफ़ ऐसे देखा, जैसे उसके सिर पर दो सींग निकल आये हों।

उस रात फिर जो हुआ, उस कहानी पर 'कनफ़्यूज्ड मम्मी और दो रोंदू बेटियाँ' फ़िल्म आसानी से बन सकती थी। मम्मी दोनों बेटियों के साथ उनके कमरे में आ गयीं। झिलमिलाती साड़ी और ताज़े रंगे हुए काले बालों में मम्मी 'सास भी कभी बहू थी' टाइप सीरियल की कोई कैरेक्टर लग रही थीं। उन्होंने दोनों बेटियों को पास बिठाकर कहना शुरू किया, 'तुम दोनों को लगता है, मैं तुम्हारी शादी जल्दी करवाना चाहती हूँ? इति से कहा था मैंने, समझाया था... अपना कॅरियर बना। कुछ ढंग का काम कर। मैं कितना चाहती थी ये सिविल्स में निकले। जो लड़कियाँ शादी के बाद घर बैठ जाती हैं, उनका क्या हाल होता है देखा है तुम दोनों ने? पड़ोस में रहने वाली काम्या ने सुसाइड कर लिया, तब भी समझ में नहीं आया?'

'उसे तो कोई मेंटल प्रॉब्लम हो गयी थी न मम्मी?' श्रुति बीच में आ गयी।

'रीजन क्या था? हस्बैंड ने जॉब छोड़कर बिज़नेस शुरू किया। वहाँ भी फ्लॉप। क्या करती काम्या?'

'मम्मी, तुम काम्या का एग्जांपल क्यों दे रही हो? उसके पास और भी कई रास्ते थे? वह अगर अपने हस्बैंड से परेशान थी तो सुसाइड करने की जगह कुछ काम कर सकती थी, वहाँ से निकलकर। वह तो शुरू से मेंटल थी मम्मी।'

'जाने दे उसे। अपनी बात कर इति।'

श्रुति अपनी सिस्टर के बचाव में आ गयी, 'इति के केस में इनसे

ज़्यादा तो तुम लोगों की ग़लती है मम्मी। देखो न, पापा जीजू से कैसे बिहेव करते हैं? अपनी फ़ैमिली का मानते ही नहीं हैं।'

मम्मी ने लम्बी साँस ली। कुछ कहने को हुईं। बात बदलते हुए बोलीं, 'जाकर सो जाओ तुम दोनों। कल बात करेंगे।'

इति और श्रुति कमरे में आ गयीं। नाइट लैंप की हल्की–सी रोशनी में इति के भूरे घुँघराले बालों की लहरें सुनहरी–सी लग रही थीं। श्रुति ने हल्के हाथों से इति के बालों को छूते हुए कहा, 'तुमने कलर करवाया? अच्छा लग रहा है।' इति ने बन्द आँखों को खोला, 'श्रुति, पार्लर गये बहुत टाइम हो गया। तू बता, आर यू सीरियस? तू सच में अभी शादी नहीं करना चाहती?'

श्रुति उठकर उसके पास आ गयी। उसने कुछ भारी–सी आवाज़ में कहा, 'यस। मैं नहीं करना चाहती, इस आई.ए.एस. से तो बिल्कुल नहीं।'

श्रुति को इति की उठती–गिरती साँसें साफ़–साफ़ सुनाई दे रही थीं। हल्का–सा खर्राटा। पर उसकी आँखों से नींद ने ज्यों कट्टी कर ली हो। पूरा शरीर टायर्ड है, मन हो रहा है सोने का। आँखें भी खुली–खुली थक गयी हैं, रेस्ट चाहिए। पर नहीं। शाम का पूरा इन्सिडेंट आँखों के सामने घूम रहा है। मिस्टर आई.ए.एस.। क्या वही है उसका मिस्टर राइट? उसने कभी नहीं चाहा, उसका लाइफ़ पार्टनर पावरफुल हो। डर लगता है नेता टाइप लोगों से। पापा के आसपास के लोग बहुत नकली टाइप के लगते हैं।

पापा ने भी बस यही देखा कि लड़का आई.ए.एस. है! क्या वह उससे दोस्ती और प्यार कर पायेगी ?

क्या पता इस रिश्ते के लिए पापा ने उसे क्या–क्या देने का वादा किया है?

श्रुति को लग रहा है वह बलि का बकरा बन रही है। स्टेज पर सब हँस रहे थे, उसे हँसी क्यों नहीं आ रही थी? क्यों बगल में लाखों की अँगूठी पहने अपने फियांसे की तरफ़ एक नज़र डालने तक को जी नहीं चाह रहा था?

पापा ने कहा था, मम्मी ने भी कहा था, ऐसी ही होती हैं हमारे यहाँ शादियाँ। अरेंज्ड। देख लिया न इति ने अपनी मर्ज़ी से शादी करके कौन–सा कद्दू उखाड़ लिया। हमारी फ़ैमिली में अरेंज्ड मैरिज ही चलती है। लव–शव तो बाद में होता रहता है।

न हुआ तो?

तो न सही। बच्चे तो हो जायेंगे न। कुछ ऊपर–नीचे हो जाये तो हम होंगे, लड़के की फ़ैमिली भी होगी।

मम्मी ने कहा था, उस रात जब पापा ने उसका रिश्ता फाइनल कर दिया था।

श्रुति ने बगल में सोयी इति की तरफ़ देखा, उसके हाथ को हल्के से छुआ और आँखें बन्द कर सोने की कोशिश करने लगी।

नवरात्र आ गये। पापा का फेवरेट त्योहार। व्रत रखेंगे, नो प्याज, नो लहसुन। घर पर रहेंगे, भजन सुनेंगे। मन होगा तो ख़ुद भी गाने लगेंगे। दरवाज़े पर फूलों की लड़ियाँ लगने लगीं। सुबह से घर में अगरबत्ती और देसी घी की ख़ुशबू की सौंधी–सी महक हर कहीं तिरने लगती।

श्रुति का मन इस फेस्टिवटी से दूर था। वह रोज़ की तरह कॉलेज जाती, मेट्रो से। पापा ने कई बार कहा कि वह कार चलाना सीख ले, घर में गाड़ी यूँ ही खड़ी रहती है, ले जाया करे। वैसे तो पापा जब भी लखनऊ से दिल्ली आते, अपने साथ अपने ड्राइवर दिलशाद को भी ले आते। वह पापा का राइट हैंड, मैन फ्राइडे सब कुछ था।

सालों से था पापा के साथ। वह भी फास्ट करता पूरी फ़ैमिली के साथ। ईद के समय रोज़े भी रखता। पापा उसके लिए एकाध स्पेशल इफ़्तार पार्टी भी रखते रमज़ान के दिनों में।

इस बार पापा ने ज़िद पकड़ ली कि वह मेट्रो या बस से कॉलेज नहीं जायेगी, दिलशाद के साथ गाड़ी में जायेगी। श्रुति को मानना पड़ा। ज़िन्दगी कुछ बेरंग–सी होने लगी है। वह इन दिनों जो पेंटिंग बना रही है, उसका रंग भी ब्लैक एंड व्हाइट है, कोई और रंग न दिल में है न ज़िन्दगी में। मम्मी कहती रहती हैं, शादी की शॉपिंग शुरू करते हैं। कम–से–कम डिज़ाइन तो देख लेती। चल ये तो बता दे, लहँगा सब्यसाची का लेना है या रितु कुमार का। मम्मी ने इन दिनों फेमिना और ब्राइडल मैगज़ीन सब्सक्राइब करना शुरू किया है। ब्रेकफास्ट टेबल पर वह मैगज़ीन के पन्ने पलटती जाती हैं और कहती रहती हैं, ये लहँगा देख तो कॉपर कलर का, कितना सही लग रहा है?

श्रुति बस एक उचटती–सी नज़र डालती है मॉडल पर, कुछ कहती नहीं। मम्मी समझ जाती हैं और पन्ना पलट देती हैं।

इंगेजमेंट के फ़ोटो आ गये हैं, तीस मिनट की फ़िल्म भी। घर में मम्मी के फ्रेंड्स आये हैं। शाम को व्रत वाले आलू की टिक्की और चाय के साथ मजमा–सा लग गया है। पचपन इंच के टीवी सेट पर वीडियो लगाकर सब देखने लगे हैं।

श्रुति को अपना चेहरा कुछ अनजाना–सा लग रहा है। इतना मेकअप क्यों कर रखा है उसने? अच्छा हुआ जो इति ने जूड़ा खोल बालों को समेट कर उसमें गजरा लगा दिया। कनखियों से देख रही है अपने आपको।

सब हँस रहे हैं, उसे चुटकियाँ काट रहे हैं। बड़ी उम्र की औरतें। चुहलबाज़ी। डबल मीनिंग कमेंट।

अचानक मम्मी ने पूछा, 'श्रुति, तू इस बार करवा चौथ रखेगी?'

अजीब–सा दिन है। कॉलेज पहुँची ही थी कि मम्मी का फ़ोन आ गया, 'चार बजे तक घर आ जाना। तेरे इन लॉज आ रहे हैं।'

दो सेकेंड लगा, जज़्ब करने में, इन लॉज क्या बला होती है?

क्लास के बीच में इति के फ़ोन। एक नहीं, चार–पाँच। फ़ोन साइलंट में, बस बजर बजता रहा। चलती क्लास में कैसे उठाती? क्लास ख़त्म होते ही तुरन्त बाहर निकली, इति को फ़ोन लगाया, 'दी, ह्वाट हैपन्ड? सब ठीक है न?'

'तू कॉलेज में है ना, लौटते में घर आ जाना।'

मोबाइल काट दिया इति ने। श्रुति बता भी नहीं पायी कि आज मम्मी ने जल्दी घर बुलाया है, वगैरह।

अगला पीरियड अटेंड करने का मन नहीं हुआ। फ़ौरन दिलशाद से कहा कि वह कॉलेज गेट के सामने गाड़ी ले आये। एक घण्टे बाद वह इति के सामने बैठी थी।

घर में अजीब–सी ख़ामोशी। सुमित दिखा नहीं। उदित उसके लिए चाय बना लाया। ड्राइंग रूम में दो बड़े सूटकेस। गौरव और घर के दूसरे लोग कहीं नज़र नहीं आये। इति उसे कुछ बताने के बजाय मोबाइल पर लगी हुई थी।

इस वक़्त चाय पीने का ज़रा भी मूड नहीं। मम्मी के मैसेज़ पर मैसेज़ आ रहे हैं, कॉलेज से निकली कि नहीं? उसने कोई जवाब नहीं दिया।

आख़िरकार इति ने मोबाइल नीचे रखा। उदित को आवाज़ देकर कहा, 'क्या हुआ उदित जी? हमें चाय नहीं पिलायेंगे क्या?'

वह सकपकाकर जल्दी से किचन में चला गया।

श्रुति को कुछ तो खटक रहा था। इति कुछ अलग तेवर में लग रही थी।

'बताओ दी। इतने सारे फ़ोन? कोई ज़रूरी बात है? क्या हुआ?'

'ख़ास कुछ नहीं। तू गाड़ी में आयी है न दिलशाद के साथ? उसे फ़ोन कर। ये सूटकेस डिक्की में रखवा दे।'

श्रुति ने चौंककर उसकी तरफ़ देखा, 'तुम कहीं जा रही हो दी?'

इति की आवाज़ सपाट थी, 'जा नहीं रही, आ रही हूँ। घर!'

घर! हाँ घर। दोनों बहनों का एक ही तो घर है। पापा और मम्मी का घर। श्रुति को पूछने का मन हुआ, जीजू कहाँ हैं? बाक़ी लोग? इतने बड़े सूटकेस? कितने दिनों के लिए आ रही हो? कोई बात हो गयी क्या जीजू के साथ?

उदित चाय ले आया। साथ में मठरी और बिस्किट। इति ने झपट कर चार बिस्किट एक साथ उठा लिए, 'जियो मेरे जवान। सुबह से कुछ नहीं खाया है।'

उदित ने प्लेट श्रुति के सामने रखते हुए फीकी–सी हँसी हँसते हुए कहा, 'तो आप भी इंगेज्ड हो गयीं!'

श्रुति ने बस सिर हिलाया। उदित ने हल्की–सी दाढ़ी रख ली थी। बाल बढ़ा लिए थे। शायद बाहर पोनी करके निकलता होगा।

सब चुप हो गये। बस बिस्किट खाने की कट–कट आवाज़।

श्रुति ने पूछ लिया, 'तुम्हारा जोड़ीदार नहीं दिख रहा? कहीं बाहर है सुमित?'

उदित की आँखों में हल्का–सा चौकन्नापन आया, 'आपको नहीं पता? सुमित भी गया है न मुम्बई, गौरव भैया के साथ। दो–चार दिन में लौट आयेगा।'

ओह! इति ने नहीं बताया। श्रुति ने आगे कुछ नहीं पूछा। बताना होगा तो इति ख़ुद बतायेगी।

चाय पीकर इति उठ गयी। इस बीच दिलशाद और उदित सूटकेस गाड़ी में रखने चले गये। इति बिना कुछ कहे अपना पर्स उठाकर चल पड़ी। श्रुति पीछे–पीछे। इति का यह ठसके वाला रूप वह बहुत दिनों बाद देख रही थी।

कार के पास पहुँचकर उसने अपने पर्स से एक पैकेट और चाबियों

का गुच्छा निकाला और उदित के हाथ में देते हुए कहा, 'कुछ पैसे हैं। अलमारी की चाबियाँ हैं। मैं फ़ोन करती रहूँगी तुझे। अपना ख़याल रखना।'

श्रुति ने देखा, उदित की आँखें हल्की–सी भरी हुई लगीं। उसने उदित को बॉय कहा। वह बुदबुदाकर बोला, 'अपनी मैरिज में बुलाओगी न?'

श्रुति इतना भावुक होने के लिए तैयार नहीं थी। बस उदित के कन्धे को थपथपाकर गाड़ी में बैठ गयी।

धूप ढल चुकी थी। शाम का धुँधलका फैलने लगा था पर इति ने अपनी आँखों में गॉगल चढ़ा लिया और खिड़की से टिककर बैठ गयी। इसका मतलब था, मुझसे कोई सवाल न करो। श्रुति चुप थी। बस दिलशाद से कहा, 'भैया, घर चलो, जल्दी।'

दिलशाद ने गाड़ी की स्पीड बढ़ा दी।

मम्मी का नाराज़ होना लाज़िमी था। एक तो चार कहकर श्रुति ने छह बजा दिये। ऊपर से बिना किसी वार्निंग के इति का इस तरह घर लौटना।

सबके सामने। वुड बी इन लॉज के सामने।

आई.ए.एस. नहीं आया। मम्मीजी, पापाजी और उनके दूसरे रिलेटिव थे। श्रुति के आते ही मम्मीजी नमस्ते प्रोग्राम के बाद उसे अन्दर ले गयीं। इस बीच दिलशाद इति के भारी–भरकम दो सूटकेस लेकर कमरे में आ गया। इति को उसने रास्ते में बता दिया था, आई.ए.एस. की फ़ैमिली मिलने आयी है। इसका जवाब इति ने बस एक 'तो' पूछ कर दिया।

अब सबके सामने इति थी, पीछे उसका सामान। मम्मी ने बात सँभाली, 'इति को बुलाया है आप सबसे मिलने। इंगेजमेंट वाले दिन ठीक से मिले नहीं न आप लोग।'

इसके बाद मम्मी श्रुति को इशारे से अन्दर उसके कमरे में ले गयी, 'जल्दी से कपड़े बदल। ढंग का सूट पहन। सुन, मुझे बताना था न इति के बारे में। सूटकेस में क्या लायी है?'

'डोंट नो मम्मी। आप पूछो। सुनो, मुझे इन सबके लिए ड्रेस चेंज करना अच्छा नहीं लगता। मैं तो ऐसे ही रहूँगी। उस दिन देख लिया न मुझे सबने ड्रेस में। अब क्या है? ज़्यादा टेंशन मत दो।'

मम्मी कुछ कहना चाहती थीं, पर इति को देखकर चुप रह गयीं। बस इतना कहा, 'दोनों सबके साथ बाहर आकर बैठो।'

इति ने कहा, 'मेरा किसी से बात करने का मूड नहीं है।'

दोनों बहनें पहले एक ही कमरा शेयर करती थीं। इति अपने दोनों सूटकेस उसी कमरे में ले आयी। हक़ से अलमारी खोल लगभग खीझती हुई बोली, 'अलमारी में जगह कहाँ है? मैं अपने कपड़े कहाँ रखूँगी? हद है।'

श्रुति ने आगे बढ़कर अलमारी से अपने कुछ कपड़े, हैंडबैग और स्टोल निकालकर पलँग पर फेंक दिया और धीरे–से बोली, 'दी, तुम्हारी जगह कौन ले सकता है? याद रखूँगी आगे से।' श्रुति कमरे से बाहर निकल गयी।

हवा धीरे–धीरे मुलायम होने लगी थी। सर्दियों की खनक, आलस पगी सुबहें और शैतान रातें।

अपने कमरे में देर तक जागकर श्रुति पेंटिंग बना रही थी। इन दिनों बस इस एक काम में उसका मन लगता था। हाथ में ब्रश आते ही नो टेंशन, नो वरीज। अपनी ब्लैक एंड व्हाइट पेंटिंग में वह धीरे–से कुछ हल्के–कुछ फुल्के रंग शामिल करने लगी थी।

मोबाइल से आती छितरी–सी रोशनी। इति दो–तीन बार कह चुकी थी, 'श्रुति लाइट बन्द कर। नींद ख़राब हो रही है।'

श्रुति ने पहले ट्यूब लाइट ऑफ़ कर दिया, फिर टेबल लैम्प। मोबाइल की लाइट जला ली। पास में रखी गर्म चाय की प्याली। घूँट–घूँट पीते हुए वह ब्रश चला रही थी। बहुत दिनों बाद उसे अच्छी वाली फ़ीलिंग हो रही थी।

पेंटिंग लगभग पूरी थी। बस एक रात और। अब लखनऊ से लौटने के बाद। सुबह शताब्दी से पापा के साथ वह लखनऊ जा रही थी। मिस्टर आई.ए.एस. ने पापा से रिक्वेस्ट किया था कि नया साल वह श्रुति के साथ मनाना चाहेंगे। लखनऊ में, इन दिनों उनकी पोस्टिंग थी।

पापा ने हाँ कहने के पहले श्रुति से पूछ लिया, 'जाना चाहेगी बेटी? तुझे शिकायत है न हमने रिश्ता करने से पहले तुझे टाइम नहीं दिया। मेरे हिसाब से कोई बुराई नहीं है मिलने में। मिल ले। जान ले।'

श्रुति ने सिर हिला दिया। यानी हाँ।

पता नहीं वह आई.ए.एस. से मिलना चाहती थी या नहीं, पर इस समय उसे एक चेंज की ज़रूरत थी। घर से बाहर निकलने की।

क्यों? क्या इति की वजह से? ठीक से जवाब नहीं मिल रहा। पर हाँ, इति के लौटने के बाद से सब कुछ थोड़ा अजीब लगने लगा। लगभग दो साल बाद इति का घर लौटना और बिल्कुल पहले की तरह रहने का इसरार करना।

इति इस तरह से क्यों लौटी है, इसका जवाब किसी के पास नहीं। इति किसी को कुछ बताती नहीं। बस जिस दिन लौटी, उस दिन मेहमानों के जाने के बाद इतना भर कहा, 'गौरव काम के लिए मुम्बई गया है। उसे सेटल होने में कुछ वक़्त लगेगा। तब तक, आई होप, मेरे यहाँ रहने से आप लोगों को कोई दिक़्क़त नहीं होगी।'

पापा ने पहले कुछ दिनों तक उससे बात नहीं की। जो कुछ कहना होता, मम्मी या श्रुति के ज़रिए कहलवा देते। मम्मी ज़रूर थोड़ी परेशान लगीं।

श्रुति की तकलीफें ज़्यादा थीं। कमरे में इति की चीज़ें आती चली गयीं। परदा बदला, फ़र्नीचर बदला। नयी अलमारी आ गयी। एक सबसे बड़ी उलझन, अब बहनें पहले की तरह हमदम, बमचम नहीं रह पा रही थीं। दोनों ने अपनी एक पैरलल ज़िन्दगी खड़ी कर ली थी।

कुछ दिनों पहले डिनर करते समय इति ने किसी बात पर श्रुति की चुटकी लेते हुए सुना दिया, 'तुम आई.ए.एस. के चक्कर में आ ही गयीं। तुम न श्रुति एकदम डबल डोलकी हो। उस दिन कह रही थीं तुम यह शादी नहीं करना चाहती थी? अब मन कैसे बदल गया?'

टेबल पर सामने पापा भी बैठे थे और मम्मी भी। सबके सामने श्रुति का चेहरा फक पड़ गया। हाँ, कहा था, पर मोमेंट दूसरा था, फ़ीलिंग दूसरी थी। पर ऐसे पापा के सामने कहना, वह भी इस तरह।

पापा के चेहरे पर उलझन थी, 'कोई बात हो गयी श्रुति? हमें बताना था न।'

'नो पापा। बस ऐसे ही। यह लगा था कि एक अनजान आदमी से शादी हो रही है न...'

मम्मी नाराज़ हो गयीं, 'अजीब घनचक्कर है। पूछा था तुझसे, मिलाया भी था। ये लड़कियाँ भी न। जान लेकर छोड़ेंगी हमारी।'

पापा थोड़ा गम्भीर होकर बोले, 'ग़लत नहीं कह रही है श्रुति। ठीक है बेटा, मैं अरविन्द से कहूँगा। वह दिल्ली आकर मिल लेगा तुझसे।'

पापा के चेहरे पर अचानक बहुत–सा प्यार देखा, श्रुति ने। पता

नहीं क्यों आँखें भर–सी आयीं उसकी। नहीं, पापा को इस बार वह लेट डाउन नहीं करेगी।

पापा को कुछ कहना नहीं पड़ा। इसके कुछ दिनों बाद अरविन्द ने ख़ुद ही पापा से कह दिया कि वह न्यू ईयर में श्रुति से मिलना चाहता है।

अरविन्द उन्हें रिसीव करने लखनऊ स्टेशन आया था। जीन्स और सफ़ेद टी शर्ट में। पहले से शरीर थोड़ा भर गया था। मूँछें घनी हो गयीं। पापा के पैर छुए, श्रुति से हाथ मिलाया।

उन्हें छोड़ने एम.एल.ए. हाउस तक आया।

जाते–जाते नपे–तुले शब्दों में बस इतना कहा, 'शाम को सात बजे मैं आऊँगा। आप लोग तब तक रेस्ट कीजिए। अंकल आप भी आइये। एक छोटी–सी प्राइवेट पार्टी है, क्लार्क अवध में। दस–बारह लोग होंगे। मेरे कुछ फ्रेंड्स और कलीग।'

पापा ने गर्मजोशी से कहा, 'ज़रूर बेटे।'

श्रुति को भी पता था और अरविन्द को भी कि पापा नहीं आयेंगे।

क्लार्क अवध। स्वीमिंग पूल के किनारे हज़ारों झिलमिल करती लाइट्स के बीच बैठी श्रुति को लग रहा था, जैसे वह फ़ैंटेसी लैंड में है। उनके बेहद पास स्टेज–सी बनी थी। बॉलीवुड म्यूज़िशियन प्रीतम दा अपनी टीम के साथ परफ़ॉर्मेंस दे रहे थे।

श्रुति ने गोल्डन शिफ़ॉन का गाउन पहन रखा था। कन्धे पर ऑफ़ व्हाइट शॉल। कुछ देर पहले जब हल्की–सी ठण्ड लगने लगी, तो उसने ओढ़ लिया। अरविन्द ने कहा कि वह रम या वाइन पी ले, पर उसने मना कर दिया। हॉट एंड सॉर सूप की चुस्कियाँ इस समय उसका पारा बढ़ा रही थीं।

प्रीतम दा ने गिटार की स्ट्रिंग ठीक की और उसका फ़ेवरेट गाना शुरू किया, *ना है ये खोना, ना पाना है ये, तेरा ना होना जाने, क्यों होना है ये...*

श्रुति साथ–साथ गुनगुनाने लगी। इस समय वह दुनिया से बेख़बर थी। आँखें बन्द। कौन अरविन्द, कौन श्रुति।

बन्द आँखों के अन्दर 'जब वी मेट' के हीरो शाहिद कपूर को देख रही थी हाथों में गिटार लिए, काले पठानी सूट में, नाचते हुए। आँख

खुली, तो सामने अरविन्द था। काले रंग के सूट में। वह एकटक उसकी तरफ़ देख रहा था।

श्रुति के चेहरे पर हल्की–सी स्माइल आयी।

जबसे दोनों यहाँ आये हैं, बहुत कम बातें की हैं।

श्रुति ने धीरे–से कहा, 'अच्छी शाम है न!'

'हाँ। तुम गाती भी हो?'

'सबकी तरह। बाथरूम सिंगर।'

'इस सॉन्ग की रिक्वेस्ट तुमने भेजी थी?'

'या। एक और है मेरा फ़ेवरेट...'

अरविन्द ने उसके सामने सफ़ेद पोस्टेड रख दिया, श्रुति ने पास पड़ी पेंसिल से लिखा : *इन दिनों दिल मेरा, मुझसे ये कह रहा, तू ख़्वाब सजा...*

अरविन्द ने कुछ ज़ोर से पढ़ने के बाद वेटर की तरफ़ इशारा किया। वेटर आकर पोस्टेड ले गया प्रीतम को देने।

अरविन्द ने कहा, 'ये गाना मैं तुम्हें डेडिकेट कर रहा हूँ।'

श्रुति ने नज़रें उठाईं, अरविन्द उसे नया–नया, भला–भला क्यों लगने लगा है? क्या है उसकी आँखों में?

प्रीतम ने गाना शुरू कर दिया था...

माहौल में रूमानियत–सी तिरने लगी।

31 दिसम्बर की रात बस बीतने को थी।

कोहरे की चादर के नीचे नया साल आने को आतुर था, छटपटा रहा था।

श्रुति अपने फ़ेवरेट गाने में डूबना चाह रही थी, पर उसके ऊपर तो दूसरा ही नशा तारी होने लगा। अरविन्द के हाथ का हल्का स्पर्श। क्या कुछ पिघलने लगा था भीतर?

प्रीतम ने कब गाना ख़त्म किया, पता नहीं चला।

अरविन्द कह रहा था, 'आई डोंट नो, तुम मेरे बारे में कितना जानती हो? हो सकता है तुम्हें अजीब लगा होगा कि इंगेजमेंट के टाइम पर मैं इतना अलूफ़ क्यों था।'

श्रुति की आँखों में उत्सुकता लपककर जलने लगी।

'आई एम श्योर तुम्हें किसी ने बताया नहीं होगा... मम्मी–पापा ने तो क्या ही बताया होगा। मैं एक रिलेशनशिप में था।'

श्रुति चौंकी।

अरविन्द ने रुककर कहा, 'शी वॉज क्रिश्चियन। यू नो, फ़ैमिली में क्या होता है? मम्मी बिल्कुल तैयार नहीं थीं।'

'फिर? आपने छोड़ दिया?'

'हम्मम। कह सकती हो। प्रेशर बहुत था। मैंने कोशिश की थी लड़ने की। उसका नाम एलिज़ाबेथ था, आई यूज्ड टु कॉल हर लिज़। पर लिज़ ख़ुद हट गयी पीछे।'

'क्यों?'

'कॉम्पलीकेशंस थे। वह इंडिपेंडेट वूमन है। उसने डिसाइड किया कि वह बाहर जायेगी, यू नो वॉट आई मीन। अमेरिका। जॉब करेगी। मैं बहुत अपसेट था। डिप्रेशन। तीन महीने तक मेडीकेशन पर रहा।'

'अब?'

'अब क्या? सब ओके है। मैंने सोचा, शादी के पहले तुम्हें बता देना चाहिए। अब किसी तरह का प्रेशर नहीं है मेरे ऊपर।'

श्रुति सोचने लगी। क्या माना जाये? ऑनेस्ट या सेल्फ़ सेंटर्ड? अरविन्द की आँखों में सीधे झाँक कर देखा, वहाँ बहुत बड़ी जगह थी, काली पुतलियों के बीच, दरिया।

दरिया किनारे एक बँगलो गो, पोरी जई जो जई...

'श्रुति,' इस बार अच्छे से पूरा नाम लेकर पुकारा अरविन्द ने, 'मैं अगर यह कहूँगा कि मैं लिज़ को भूल गया हूँ, तो यह ग़लत होगा। पर हाँ, वह मेरा पास्ट है। तुम्हारा भी अगर कोई पास्ट है, तो मुझे बताने की ज़रूरत नहीं है। हाँ, अगर हम एक साथ लाइफ़ शुरू करेंगे, तो वह एक नई स्लेट पर होगा। यू नो वॉट आई मीन...'

तो ये उसका तकियाकलाम है!

श्रुति ने सिर हिलाया। समझ गयी। सही लगा। होता है सबका पास्ट।

सामने इति और गौरव का चेहरा आ गया। अरविन्द अगर लिज़ से शादी करता तो क्या उसकी लाइफ़ भी वैसी ही हो जाती?

श्रुति ने न जाने क्या सोचकर सिर हिलाया और अपने सामने रखी कोल्ड ड्रिंक सरप–सरप करके पीने लगी।

अरविन्द हँसने लगा, 'यू आर सो क्यूट!'

मत मर गयी तेरी...

लगता है तुझे रोड साइड कुत्ते के नॉट इवन बॉर्न पिल्ले ने काट लिया है...

तू मैड है, इसमें कोई शक़ नहीं, पर इतनी होगी, अन्दाज़ नहीं था...

श्रुति कोस रही थी अपने को, उसने इति के सामने क्यों अपने को बहने दिया।

जनवरी का पहला सप्ताह था। लखनऊ से लौटकर आने के बाद से वह अपने आपको भरी–भरी और प्यार में पगी महसूस कर रही थी। इसी भरभराहट में उसने उगल दिया।

मिस्टर आई.ए.एस. का पास्ट और प्रेजेंट। श्रुति मुस्करा रही थी, ध्यान नहीं दिया कि इति का चेहरा कठोर होता जा रहा है।

'श्रुति, क्या हो गया है तुझे? ऐसे आदमी से शादी करेगी, जिसका ऐसा पास्ट है?'

अबकि श्रुति चौंकी, 'पास्ट है न, प्रेजेंट या फ़्यूचर तो नहीं? आइ लाइक हिज़ ऑनेस्टी। मुझे कॉन्फिडेंस में लेकर बताया न। क्या यह बड़ी बात नहीं?'

'बेवकूफ़। बड़ी वाली उल्लू की पट्ठी है तू। उसका अफ़ेयर था, यह भी बताया उसने कि उस लड़की को वह भूल नहीं पायेगा। इसके बाद भी...'

श्रुति ने उसे तुरन्त ठीक किया, 'उसने ऐसा नहीं कहा। यह सही भी तो है न दी, कोई कैसे अपने लव को इतनी जल्दी भूल सकता है। पर इससे हमारे रिलेशन पर क्या असर पड़ेगा?'

अबकी बार इति उसके पास आ गयी और दोनों हाथों से उसके कन्धे पकड़कर झकझोरती हुई बोली, 'सिस्टर, होश में आ। सब लोग मिलकर तेरी ले रहे हैं, बजा रहे हैं तुझे, दिख नहीं रहा? क्या जादू कर दिया है उस आई.ए.एस. ने तुझ पर? कम्मॉन श्रुति। मना कर दे शादी से। यू डिज़र्व ए बेटर पर्सन।'

श्रुति को अचानक एहसास हुआ कि बात ग़लत ट्रैक पर चल पड़ी है। इति अपनी बात पर अड़ी रहेगी। कहाँ तो वह अपनी ख़ुशी बाँटने चली थी और कहाँ सिर पर गोबर गिरने की नौबत आ गयी!

उसने सँभालने की कोशिश की, 'दी, अरविन्द इज़ ए नाइस गाइ। हम दोनों एक–दूसरे के लिए फ़ील करने लगे हैं। देखो न, तुमने भी तो सबसे लड़कर लव मैरिज़ की। कोई बहुत ख़ुश तो नहीं हो न? कितना झगड़ा होता है तुम्हारा जीजू के साथ। आइ मीन, हर रिश्ते में होता है।

अरविन्द अगर लिज़ के साथ शादी कर लेते तो फ़ैमिली में झगड़ा होता न... यू नो वॉट आइ मीन...'

इति के चेहरे से कहीं यह नहीं लग रहा था कि वह उसकी बातों का मीनिंग समझ गयी है।

इति लगभग चीख़ती हुई बोली, 'तुम बेबात मुझे और गौरव को बीच में क्यों ले आयीं? तुम्हें पता भी है, तुम क्या कह रही हो? डू यू नो वॉट इज़ लव? यू स्टुपिड गर्ल।'

शिट...रायता फैल गया। बुरी तरह से। गन्दा वाला बासी रायता। जिसे समेटना भी मुश्किल है और जिसकी गन्ध दूर करना और भी मुश्किल।

रात ग्यारह बजे जब अरविन्द का फ़ोन आया, तो एकबारगी मन हुआ कि वह उसे बता दे, इति ने क्या कहा।

वह नहीं बता पायी। अरविन्द पता नहीं क्या सोचेगा इति के बारे में। वैसे भी इति को लेकर फ़ैमिली थोड़ी सेंसिटिव है। मम्मी–पापा हर किसी को यह बता भी नहीं रहे कि आजकल वह यहीं रहती है।

अरविन्द कह रहा था, वह उसके लिए कुछ गिफ़्ट भेज रहा है उसके बर्थडे पर। कोशिश करेगा दिल्ली आने की। दोनों साथ में मनायेंगे।

श्रुति अन्दर तक रोमांचित थी। यह लव नहीं है तो फिर क्या है? दिन–रात किसी की याद में लरज़ते रहना, उसके बारे में सोचते रहना, उसकी नज़र में बने रहने के लिए ख़ुद को बदलना।

प्यार भरी बातें, डबल मीनिंग कमेंट इन सबके लिए अन्दर कितनी जगह बनती और खुलती जा रही है।

मम्मी को अच्छा लग रहा था, श्रुति अपनी शादी में दिलचस्पी लेने लगी है। सबसे बड़ी बात ख़ुश दिख रही है।

दो दिन बाद लखनऊ से कुरियर आ गया।

नोकिया का नया मोबाइल। नीले रंग के पारदर्शी केस में झिलमिलाता हुआ। गुनगुनाता हुआ। हँसता हुआ। हँसाता हुआ। प्यार जगाता हुआ। कान से लगने को आतुर होता हुआ।

श्रुति ने फ़ौरन अपना सिम नये फ़ोन में लगा लिया और सबसे पहला कॉल किया, सैंया जी द आई.ए.एस. को।

'थैंक्स फ़ॉर सच ए लवली गिफ़्ट!'

'हम्म। पसन्द आया? एक और गिफ़्ट है तुम्हारे लिए...'

'वाऊ। बताइए न।'

'सरप्राइज़। लिसन गर्ल। हर गिफ़्ट मुफ़्त में नहीं मिलती।'

'क़ीमत? समझी नहीं।'

'सिली। तुम भी तो कुछ दोगी न मुझे।'

'श्योर। मैंने आपके लिए एक इंडिगो टाई ली है। होप आपको पसन्द आयेगी।'

कुछ सेकेंड की चुप्पी।

'मैं यहाँ टाई की बात कर रहा हूँ? तुम सच में इतनी इनोसेंट हो या बन रही हो?'

'इनोसेंट तो शायद नहीं हूँ। हाँ, मेरा सर्किल नहीं है। दोस्त भी कम हैं...'

'लारा–लप्पा छोड़ो। मैं तुम्हें सविता भाभी की साइट मैसेज कर रहा हूँ। ज़रा गूगल अंकल में खोलकर देख लेना यह साइट। अच्छे से। मैं क्वेश्चंस पूछूँगा।'

अरविन्द ने फ़ोन काट दिया। फ़ौरन उसका एस.एम.एस. आ गया।

श्रुति कम्प्यूटर खोलकर बैठ गयी। सविता भाभी।

आँखें खुलती चली गयीं।

ऐसा नहीं था कि इससे पहले उसने एडल्ट फ़िल्म नहीं देखी थी, पोर्न वीडियो नहीं देखे थे। हर नॉर्मल लड़की की तरह अपनी सिक्सटींथ बर्थडे में अपनी स्कूल की फ्रेंड शोमा के साथ उसके घर में सी.डी. लगा कर आधे घण्टे की पोर्न फ़िल्म देखी थी। शोमा के ब्वॉयफ्रेंड ने उसे ये सी.डी. लाकर दी थी।

ठीक से याद नहीं कि उस फ़िल्म को देखने के बाद उस पर क्या असर हुआ। शोमा के साथ उसने सिसकारी ज़रूर भरी थी, न इससे ज़्यादा न कम।

बहुत जल्दी शोमा से उसका ब्रेकअप हो गया और हवस की पुजारिनों का खेल भी ख़त्म हो गया। श्रुति कॉलेज में आ गयी। पेंटिंग करने लगी। इसके बाद तो इति और गौरव की प्रेम कहानी में ही मगन हो गयी। कभी मौक़ा नहीं मिला, एडवेंचर या मिस एडवेंचर का।

ब्वॉयफ्रेंड? एक्जैक्टली तो नहीं। पापा के दोस्त कमल अंकल पर क्रश

ज़रूर था। जब वे घर आते, तो कोशिश होती कि वह कमरे में भी बैठी रहे। चाय भी खुद बनाकर लाये। डिनर तक उन्हें रोक ले। उन्हें अंकल कहते हुए ऑकवर्ड लगता था। कुछेक महीने बाद, कमल अपनी वाइफ़ और दोनों बेटियों के साथ उनके घर आये। बस, मोहभंग हो गया श्रुति का।

अपनी वाइफ़ के साथ वे पापा की तरह एक बुजुर्ग बनने की दिशा में बढ़ते हुए अधेड़ लग रहे थे। उस दिन श्रुति ने बात–बेबात उन्हें सैकड़ों बार अंकल पुकारा, और पेप्सी के केन को क्रश करने के साथ ही क्रश का द एंड हुआ।

पर यह सविता भाभी तो पूरी सेक्स बॉम्ब थी। कैरिकेचर। सेक्सी से ब्रेस्ट, उकसाते हुए बम और ललचाती सी कमर। एक के बाद एक कॉमिक पढ़ती चली गयी। मिल्कमैन, धोबी, सेल्समैन, नौकर, हस्बैंड का दोस्त, बॉस किसी को नहीं छोड़ा सविता भाभी ने...पोर्न से कहीं आगे। हर वक़्त दिमाग़ में बस सेक्स।

उफ़! तीन घण्टे बाद श्रुति जब भीगती–भागती, लरज़ती–तड़पती कम्प्यूटर के सामने से उठी, तो अजीब से ट्रांस में थी।

आई.ए.एस. से कुछ और मोहब्बत हो गयी। समझ में आया कि सेक्स की ख़ुशबूभर से आप किसी से किस हद तक जुड़ जाते हैं।

25 जनवरी, 2010

बाईस साल की हो गयी श्रुति।

सुबह–सुबह मिस्टर आई.ए.एस. का फ़ोन आ गया।

हैप्पी बर्थडे वाला।

'आर यू रेडी?'

'रेडी फ़ॉर वॉट?'

अरविन्द हँसने लगा, 'बेबी, शाम को मिल रहे हैं न। अपने आप आ जाओगी या गाड़ी भेजूँ? मैं कनॉट प्लेस में 'द ललित' में ठहरा हूँ। रूम नम्बर मैसेज कर दूँगा। लेट्स हैव शैम्पेन।'

श्रुति मम्मी–पापा को बता नहीं पायी कि अरविन्द उसे अकेले बुला रहा है। उसने गोलमाल कर कहा, 'अरविन्द ने पार्टी रखी है, अपने कुछ फ्रेंड्स को बुलाया है।'

मम्मी ने छूटते ही कहा, 'इति को ले जाना साथ में।'

गनीमत उस समय इति वहाँ नहीं थी। इन दिनों दोनों बहनों में अजीब वाली कट्टी चल रही थी। इति ने उसे सुबह से विश भी नहीं किया था। सुबह जॉगिंग करने निकल गयी थी।

इति को अपने साथ ले जाने को वह हरगिज़ तैयार नहीं थी। कुछ बहाना बनाना पड़ेगा, तो बना लेगी, नेवर माइंड।

दोपहर वह पार्लर चली गयी। बाल सेट करवाये। वैक्सिग करवायी। अपने लिए दो दिन पहले उसने बॉम्बे सेलेक्शंस से अनारकली लिया था। डार्क पिंक शिफ़ॉन, सरोस्की से सजा।

बहुत बचती हुई घर से निकली। दिलशाद पापा को लेकर कहीं गया था। श्रुति ने टैक्सी कर ली।

एक्साइटमेंट। उत्तेजना। उत्साह। होटल के सामने उतरी, अरविन्द नीचे लॉबी में मिल गया। जीन्स और लम्बे कुरते में। बाक़ायदा गले लग कर विश किया और फिर...

कमरा नम्बर 304।

वह पहला स्मूच। पहली–पहली बार किसी का कानों के पास आकर आइ लव यू कहना। पहली बार किसी लड़के का बेहद प्राइवेट गिफ़्ट। लाल रंग की लॉन्ज़री। पहली–पहली बार...

अरविन्द की गोद में बैठकर शैम्पेन का घूँट पीते हुए उसे लगा नहीं कि वह यह सब पहली बार कर रही है।

इन सबके बाद सेक्स करना भी जैसे उतना ही नॉर्मल था। अपने प्रिय पुरुष के साथ, उसकी आदिम ख़ुशबू को जीती हुई, उसमें जीती हुई...

अजीब से नशे में थी श्रुति। अरविन्द ने उससे पूछकर खाना ऑर्डर किया। पर आइसक्रीम के अलावा उससे कुछ खाया नहीं गया।

रात ग्यारह बजे मम्मी का फ़ोन आया, तो होश आया कि घर जाना है।

अरविन्द की बाँहों से फिसलती हुई, बिस्तर पर बिखरे अपने कपड़े उठाती हुई और अपने आप पर इतराती हुई श्रुति। लो जी, अब बात करो वर्जिनिटी की। क्या हर लड़की को ऐसा ही लगता है पहली बार? ख़ुद पर इतराने का मन करता है?

अरविन्द उसे घर तक छोड़ने आया। रास्ते भर वह बातें करता रहा, श्रुति को कुछ याद न रहा।

उस दिन अगर अरविन्द उसे घर के बाहर छोड़ने की बजाय अन्दर आकर मम्मी–पापा से मिलकर गया होता, तो क्या उसकी ज़िन्दगी कोई दूसरी करवट लेती?

किसे पता था कि घर के भीतर एक भूचाल उसका इन्तजार कर रहा है?

'तुमने हमें क्यों नहीं बताया?' पापा की आवाज़ ऐसी क्यों हो रही है? रो रहे थे क्या?

'पापा, सॉरी। फ़ोन नहीं कर पायी। मम्मी को बताकर गयी थी, देर हो जायेगी।' बड़ी मुश्किल से बोल पायी, श्रुति। इस वक़्त मन किसी का कुछ कहने–सुनने का करता है क्या? फर्स्ट नाइट को एन्जॉय तो करने दो।

पापा ने जवाब नहीं दिया। ड्राइंग रूम में डाइनिंग टेबल के ऊपर झूमर वाली लाइट जल रही थी। उसकी रोशनी मम्मी और इति के चेहरे पर पड़ रही थी। पापा एक तरह से घेरकर उसे टेबल के पास ले आये।

'कोई बात हो गयी क्या पापा?'

'श्रुति, ग़लती हो गयी बेटी। मुझे पता नहीं था अरविन्द और इसकी फ़ैमिली इतनी बड़ी बात हमसे छिपा ले जायेंगे।'

'कौन–सी बात पापा?' अब श्रुति को डर लगने लगा।

पापा बैठ गये। श्रुति का हाथ अपने हाथों में लेते हुए बोले, 'बेटे, तू चिन्ता मत कर। मैं तेरे लिए बहुत अच्छा लड़का देखूँगा। दिल छोटा न कर पुत्तर। कुछ बिगड़ा नहीं है अभी।'

श्रुति धड़ाम से कुर्सी पर बैठ गयी, 'ऐसा क्या हो गया, पापा? मुझे बतायें तो सही।'

पापा ने उसकी तरफ़ हताशा से देखा।

'अरविन्द का चक्कर था एक ईसाई लड़की से। अच्छा हुआ इति ने बता दिया। हम ऐसे घर में तेरा ब्याह हरगिज़ नहीं करेंगे। स्साले सेकेंड हैंड लोग!'

श्रुति के चेहरे पर अजीब से भाव आये। इति ने बता दिया, क्यों? क्या? किसलिए? पगला गयी है क्या इति?

'ऐसा कुछ नहीं है पापा।'

'फिर कैसा है बेटा? तुझे पता था, तो बताना चाहिए था ना। हम कोई ज़बर्दस्ती थोड़े ही न शादी कर रहे हैं तेरी? कोई लाटसाब हैं क्या वे ? दो कौड़ी की औक़ात नहीं है सालों की। इतनी बड़ी बात छिपा गये?'

श्रुति ने कहने की कोशिश की, 'नो पापा। अरविन्द ने मुझे बताया था...'

'एहसान किया था, न बेटा, तू बीच में मत पड़। मैं सँभाल लूँगा। तू अन्दर जाकर आराम कर।'

पापा उठकर अपने कमरे में चले गये।

श्रुति ने पहले मम्मी की तरफ़ देखा, वह शायद रो चुकी थीं, इति की तरफ़ देखा, और फट पड़ी, 'तुम पागल हो गयीं क्या दी? पापा को बताने की क्या ज़रूरत थी? मुझे लगता तो मैं बताती न? तुम्हें क्या पड़ी है? क्या लेना है मेरी लाइफ़ से? आर यू नट्स? क्यों आयी हो वापस, मेरी लाइफ़ ख़राब करने?'

मम्मी ने बीचबचाव किया, 'क्या कह रही है श्रुति? इति तेरी सिस्टर है। तेरी लाइफ़ क्यों ख़राब करना चाहेगी?'

'मम्मी, मेरी लाइफ़ के बारे में आप लोग डिसीज़न नहीं लोगे। बस।'

'इति समझा इसे। पहले तो कह रही थी, शादी नहीं करेगी उस कलेक्टर से। अब देखो, दूसरा राग अलाप रही है।'

श्रुति एक झटके में उठकर अपने कमरे में चली गयी। बिस्तर पर गिरी, कुछ मिनट लगे, यह समझने में कि उसके साथ क्या हो रहा है? उसके पीछे–पीछे कमरे में इति और मम्मी चली आयीं।

मम्मी ने उसके पास बैठ कर कहना शुरू किया, 'श्रुति, बेटा। गुस्सा मत कर। इति ने अपनी तरफ़ से थोड़े ही ना कुछ कहा। अरविन्द के पापा का फ़ोन था, कोई डिमांड रख रहे थे। तेरे पापा थोड़ा खीझ गये। बस, इति ने बता दिया कि लड़का जब सेकेंड हैंड है तो इतनी डिमांड क्यों कर रहे हैं? कोई ग़लत बात तो नहीं है न बेटे? घरवालों को राइट बात का पता होना चाहिए न? तू तो सबकी लाडली है, कोई तेरे साथ ग़लत करने की कैसे सोचेगा? बता?'

श्रुति उठकर बैठ गयी। चेहरा रोते–रोते सूज गया, आँखें लाल। पार्लर से सेट करवाये बालों पर लग रहा था कि किसी ने शॉक ट्रीटमेंट दे दिया हो और वे चिड़िया के उजड़े घोंसले जैसे दिखने लगे थे।

'आप लोगों को तब ख़याल नहीं आया था, जब मेरी शादी डिसाइड कर रहे थे। अब मैंने मन बना लिया है तो आपको प्रॉब्लम हो गयी। मैं क्या हूँ मम्मी? चाबी वाली डॉल? मुझे मत समझाओ। आप लोग जाओ यहाँ से। आई डोंट केअर फ़ॉर एनी वन।'

श्रुति कुछ ज़ोर से ही चीख़ी थी। मम्मी कमरे से बाहर निकल गयी। इति रह गयी। वह धीरे–से श्रुति के पास पहुँची, उसका हाथ पकड़ने। श्रुति ने ज़ोर से उसका हाथ झटक दिया और गुर्राकर बोली, 'मुझे तुम्हारी सिम्पैथी की कोई ज़रूरत नहीं है। थैंक्स फ़ॉर रूइनिंग माई रिलेशन। न

तुम ख़ुद ख़ुश रह सकती हो, न दूसरों को देख सकती हो। गेट आउट।'

सुबह–सुबह मोबाइल पर अरविन्द के गुड मार्निंग मैसेज की जगह पर अजीब–सा मैसेज था–व्हाई यू डिड दिज टु मी? तुम्हें कोई प्रॉब्लम थी तो फ़ैमिली तक जाने की क्या ज़रूरत थी? मैंने तुम्हें कॉन्फ़िडेंस में लिया था, ज़बर्दस्ती नहीं की, फिर। अब मैं तुमसे किसी बात की उम्मीद नहीं करूँगा। गुड बाय।

बारह घण्टे पहले जिस आदमी के साथ जुड़ कर वह अपने आपको सबसे लकी मान रही थी, दुआ कर रही थी कि सालों साल दोनों साथ रहें, जिसके साथ अपना वर्जिन फल शेयर करते समय किसी तरह का गिल्ट महसूस नहीं किया, जिसके साथ जुड़ने के बाद लगा कि हज़ारों तारों वाला सितार एक साथ बज उठा हो, उसने गुड बाय कहने में इतनी जल्दी कैसे कर दी?

सोकर तो वह बहुत पहले उठ चुकी थी, पर जानबूझकर बारह बजे तक बिस्तर पर पड़ी रही। दो–तीन बार मम्मी दरवाज़ा खोलकर देख गयीं। क्या उसे अरविन्द से बात करनी चाहिए?

अरविन्द का फ़ोन नॉट रीचेबल आ रहा था।

किसी तरह अपने आपको सँभालते हुए वह उठकर बाहर आयी। घर में अजीब तरह की शान्ति थी।

न घर में पापा थे न इति। मम्मी ड्राइंग रूम में टीवी देख रही थीं। काम वाली खाना–वाना बनाकर जा चुकी थी। श्रुति को देखते ही मम्मी ने टीवी ऑफ़ कर दिया।

श्रुति को पकड़कर अपने पास बिठा लिया, 'ऐसे दिल छोटा नहीं करते बेटी। सब ठीक हो जायेगा।'

श्रुति ने कुछ नहीं कहा पर सेंस कर पा रही थी कि अब कभी कुछ भी ठीक नहीं होगा। मम्मी उठकर उसके लिए चाय बना लायीं।

आधा कप पीने के बाद श्रुति उठ गयी, जाते–जाते बस इतना पूछ लिया, 'पापा ने अरविन्द की फ़ैमिली को कुछ कहा क्या?'

मम्मी ने धीरे–से कहा, 'हाँ, सुबह कोई बात तो हो रही थी। तेरे पापा बहुत गुस्सा हैं बेटा। इतना पैसा लगा रहे हैं शादी में। सबकुछ दे रहे हैं। फिर...'

'फिर क्या मम्मी? पहले पता नहीं था, आई.ए.एस. को कितनी डाउरी देनी पड़ती है? अचानक ख़याल आया?'

मम्मी चुप रहीं, बस श्रुति के सिर पर हाथ फेरते हुए कहा, 'तू ख़ुश रह बस!'

'ख़ुश? वह क्या होता है मम्मी?' श्रुति की आवाज़ तीखी थी, एसिड जैसी।

खेल ख़तम

पैसा हज़म

किसका बज गया ढोल

कौन हुआ ढम–ढम

मम्मी की तरफ़ का एक कजिन था, मिट्ठू बुलाते थे। सालों पहले बरेली में एक शादी में मिली थी उससे। दोनों तेरह–चौदह साल के रहे होंगे। मिट्ठू के मुँह से पहली बार श्रुति ने ये लाइन्स सुनीं। फिर तो वह भी ख़ूब इस्तेमाल करती। ढम–ढम करते समय हवा में ढोलक बजाते हुए नाचती। इति ख़ूब चिढ़ती थी उसके ढोल बजाने से।

ढम–ढम

ढोल ही तो बज गया उसका

खेल भी ख़तम

पैसा भी हज़म

अजीब डिप्रेशन वाले दिन थे। उसकी इंगेजमेंट टूट चुकी थी। अरविन्द के मम्मीजी–डैडीजी से पापा की भयंकर टाइप की नोकझोंक हो चुकी थी। इन सबके बीच भी श्रुति को उम्मीद थी कि मिस्टर आई.ए.एस. अपने पेरेंट्स के अगेंस्ट जाकर दिलवाले की तरह दुल्हनिया ले जायेंगे!

अरविन्द ने उसके कॉल्स लेने बन्द कर दिये। उसके मैसेज के जवाब में एक दिन लिख ही दिया, डोंट डिस्टर्ब मी एंड प्रवोक मी। योर फादर हैड इंसल्टेड माय डैड। आइ डोंट वॉन्ट टु कीप एनि रिलेशनशिप विद यू।

कुछ दिन बाद मम्मी एक दिन शाम को उसे बाहर ले गयीं। सागर रत्ना में मसाला डोसा और मैंगो मिल्क शेक के साथ एक इंटरेस्टिंग प्रपोजल रखा अमेरिका में सॉफ्टवेयर इंजीनियर भानु का।

श्रुति ने पहले तो मम्मी को चहकने दिया, डोसा खाने दिया, मिल्क

शेक पीने दिया, अमेरिका की ख़ूबियाँ गिनाने दिया, एन.आर.आई. की हसीन लाइफ़ पर पूरा लाइमलाइट डालने दिया।

नीम्बुओं का प्रकाश जब कुछ ज़्यादा ही चमचमाने लगा, वह धीरे–से बोली, 'मम्मी, मुझे सजेस्ट करो। आप क्या चाहती हो? मैं पंखे से लटक कर सुसाइड करूँ या मेट्रो से कट कर?'

मम्मी के हाथ से मैंगो मिल्क शेक वाला काँच का लम्बा वाला गिलास गिरते–गिरते बचा।

'क्या कह रही है कमबख़्त? मेरी बात सुन भी रही है या नहीं।'

'जवाब दे दिया न। अब कर के दिखाऊँ क्या?'

मम्मी डर गयीं।

श्रुति को शायद थोड़ा–सा अच्छा लगा। मम्मी को ही नहीं, पापा को, इति को सबको डरना चाहिए। नहीं डरेंगे, तो डराऊँगी, भूत बनकर, चुड़ैल बनकर, ड्रैकुला बनकर, पागल बनकर।

पता नहीं श्रुति ने किस घड़ी मिट्ठू को याद किया। पता होता कि याद करने पर कोई सामने आ जाता है, तो वह किसी और को याद करती। मिट्ठू उर्फ़ मानव ने बी.ए. के बाद जॉब करने के लिए थोड़ा एडवेंचरस होना चाहा और पहुँच गये अपनी डिस्टेंस मौसी जी के घर। वह पहले वाला मिट्ठू होता, तो शायद श्रुति बर्दाश्त भी कर लेती। पर जवानी ने बेचारे मिट्ठू के ऊपर कोई उपकार नहीं किया। बचपन में हेल्दी गोलमटोल–सा अच्छा लगता था। अब एकदम आधे किलो के दूध के पैकेट जैसा। हर जगह से थुलथुल, हिलते रहने वाला। डिब्बे से चेहरे पर धोनी जैसे बाल।

ऐसे बिन बुलाये रिश्तेदारों से मम्मी भी ख़ूब ख़ार खाती थीं। गनीमत थी कि आते ही मिट्ठू ने कह दिया था कि जल्द ही वह अपने दोस्तों के साथ किराये के फ़्लैट में शिफ्ट हो जायेगा।

मिट्ठू की दुनिया जैसे दस साल पहले ही थम गयी थी। वह पुराने जोक्स बोलता था, आज भी कुमार सानू के गाने गाता था और उसे लगता था कि किसी भी गाने पर नाचने लगना इन थिंग है।

किसी ज़माने में इति–श्रुति दोनों बहनें बहुत इंटरेस्ट से उसका डांस देखती थीं। उसके गाल खींचती थीं और अपने हिस्से की मिठाई भी उसे खिला देती थीं। अब बहनें पहले सी नहीं रहीं, वह तो साफ़ दिख रहा था।

श्रुति जब घर में किसी से बातचीत नहीं कर रही थी, तो मिट्‌ठू की क्या औक़ात? इति ही उससे हाय–हैलो कर लेती।

घर में चलने वाली टेंशन की ख़बर मिट्‌ठू तक पहुँचनी ही थी। मम्मी ने भी पाया कि इति और श्रुति से ज़्यादा मिट्‌ठू उसके साथ किचन और टीवी के सामने टाइम बिताता है। मम्मी जी अपने दिल का दुखड़ा उसे बताते–बताते श्रुति पुराण कह गयीं।

मम्मी को नहीं कहना चाहिए था। उन्हें पता नहीं था कि मिट्‌ठू तुरन्त श्रुति को कंसोलेशन प्राइज़ देने उसके पास पहुँच जायेगा।

श्रुति कॉलेज से आयी ही थी। मम्मी ने पूछा था चाय पियोगी, तो सिर हिलाकर डाइनिंग टेबल पर पसर गयी। मम्मी गयी किचन में। मिट्‌ठू सही समय पाकर लपककर श्रुति की बगल में पसर गया, 'सिस। मुझे बहुत अफ़सोस हुआ।'

'किस बात का?'

'तुम्हारी इंगेजमेंट टूट गयी। कंजर निकले साले। कीड़े पड़ें उन पर।'

श्रुति एक झटके में उठकर बैठ गयी, 'तुम्हें किसने बताया?'

मिट्‌ठू थोड़ा हकबका गया, 'मौसी जी ने... सॉरी सिस्टर। मैं समझ सकता हूँ यू मस्ट बी वेरी अपसेट!'

श्रुति फ़ौरन तनतनाते हुए किचन पहुँची, 'मम्मी, कितना जुलूस निकालोगी मेरा? चैन से जीने क्यों नहीं देती? पेपर में ऐड क्यों नहीं निकलवा देतीं? क्या चाहती हो मम्मी? इति की तरह घर से भाग जाऊँ? अगर यही हाल रहा न, तो सच में भाग जाऊँगी। नहीं रहना मुझे यहाँ। तमाशा बना दिया है मेरा।'

हक्की–बक्की मम्मी। समझ गयी मिट्‌ठू मियाँ की कारस्तानी है। इससे पहले कि श्रुति या मम्मी कुछ कहतीं, मिट्‌ठू ने अजीब–सी हरकत की।

वह ज़मीन पर बैठकर चकरघिन्नी टाइप खाने लगा और हाथ हिलाते हुए गाने लगा, फूलों का तारों का सबका कहना है, एक हज़ारों में मेरी बहना है, सारी उम्र हमें संग रहना है...

श्रुति को समझ नहीं आया, कैसे रिएक्ट करे।

हँसे कि रोए।

मिठ्‌ठू सीरियस था, वह गाना पूरा करना चाहता था। मम्मी ने रोक दिया। इशारे से।

उस दिन महसूस हुआ श्रुति को, अब उसे ज़िन्दगी की कमान अपने

हाथ में लेनी होगी। बहुत हुआ गुडी–गुडी बनकर। नहीं चलेगा। कॉलेज, घर, सबकी बात मानना, सबकी तरह से चलना उसे कहीं लेकर नहीं जायेगा।

गुस्सा इति, पापा, मम्मी और अब सबसे ज़्यादा अरविन्द पर आने लगा।

अपने पर भी। इतनी जल्दी उसने कमिट क्यों कर लिया अपने आपको? ऐसी क्या जल्दी थी वर्जिनिटी लुटाने की?

मिट्ठू सॉरी कहने लगभग उसके ऊपर ही आकर बैठ गया।

मम्मी ने कहा होगा।

श्रुति ने धीरे–से अपने गदबदे, हाफ मैड दूर के रिश्ते के भाई का सिर सहलाया।

मिट्ठू के चेहरे पर ऐसे भाव आये, जैसे उसने दुनिया जीत ली हो।

दो बातें एक साथ हुईं। मिट्ठू का अपने दोस्तों के साथ किराये के घर पर जाना और इति का कहना कि गौरव कुछ दिनों के लिए उनके साथ रहेगा।

पापा लखनऊ में थे। असेम्बली का सेशन चल रहा था। इसके बाद वे एक डेलिगेशन के साथ दो सप्ताह के लिए चीन जाने वाले थे। यानी महीने भर तक पापा के घर आने की कोई सम्भावना नहीं थी।

गौरव रहेगा कहाँ? टू बीएचके में मेहमान अक्सर ड्राइंग रूम में सोफ़ा कम बेड पर सोते थे। मिट्ठू की बात अलग थी। घर के दामाद को कैसे सुलाएँगे वहाँ?

आख़िरकार मम्मी ने चाशनी में लपेटकर श्रुति से कह ही दिया, 'ऐसा कर न गुड़िया। चार दिन की बात है। मेरे कमरे में शिफ्ट हो जा। अच्छा नहीं लगता था गौरव पहली बार घर रहने आ रहा है... '

श्रुति ने कुछ नहीं कहा। जिस दिन गौरव को घर आना था, सुबह अपनी अलमारी से कुछेक कपड़े, अपना लैपटॉप, पेंटिंग का सामान लेकर मम्मी के कमरे में आ गयी। कॉम्प्रोमाइज। बस यही तो करना आता था। क्यों नहीं इति की तरह वह अड़ जाती है, क्यों नहीं वह अपने दिल की करती है? क्यों नहीं वह अपने दिल का गुबार सबके सामने निकालती है?

चाबी वाली गुड़िया।

बुद्धू गुड़िया?

बड़ी वाली उल्लू की पट्ठी गुड़िया...

सन इन लॉ गौरव आ गये हैं। मम्मी ने बहुत सारी चीज़ें बनवायी हैं, बहुत सारी चीज़ें ख़रीदकर भी लायी हैं। मन में उम्मीद है कि जल्द ही सन इन लॉ अपनी वाइफ़ को लेकर मुम्बई चला जायेगा, लीव्ड हैपिली एवर आफ्टर टाइप काम करने।

इति बहुत कुछ छिपा रही है। कोई अगर पूछ भी रहा है कि गौरव मुम्बई में क्या करता है, तो हश–हश जवाब देती है, गौरव के पीछे साये की तरह लगी रहती है।

श्रुति को भी क्या पड़ी है? रख अपना हस्बैंड अपने पास।

गौरव थोड़ा अनइज़ी लग रहा है। मदर इन लॉ की इतनी ख़ातिरदारी खल रही है। साली साहिबा की बेरुख़ी से परेशान भी है। आख़िरकार दो दिन बाद परिवार ज़रा–सा नॉर्मल होते हुए बाहर खाना खाने का प्रोग्राम बना रहा है।

गौरव की ट्रीट। श्रुति का मन नहीं है। पर मम्मी ने बहुत कहा है, प्लीज़ और भी न जाने क्या–क्या। जीन्स और सफ़ेद टी–शर्ट में तैयार श्रुति। इति ने न जाने क्यों लो कट ब्लाउज़ के साथ झिलमिलाती साड़ी पहनी है।

इति ने सजेस्ट किया है ला मेरिडियन जायेंगे। चाइनीज़ खायेंगे। होटल की ऊपरी मंज़िल पर है चाइनीज़ रेस्तराँ। श्रुति चुपचाप कोने वाली सीट पर बैठ गयी है। वहाँ से इंडिया गेट तक सब ग्रीन नज़र आता है। लगता है जैसे जंगल के ऊपर एक ट्री हाउस में बैठे हों।

गौरव को याद है उसे हॉट एंड सॉर सूप पसन्द है, गोल्डन फ्राइड बेबी कार्न, चिकन विंग्ज़।

अचानक वह श्रुति से पूछने लगता है, 'साली साहिबा, कोई नयी पेंटिंग बनायी।'

श्रुति बस सिर हिलाती है। मम्मी उसकी तरफ़ से बोलने लगती है, 'बना रही है, पर दिखाती नहीं, कहती है फिनिश होने के बाद दिखायेगी।'

इति बात सँभालती है, 'श्रुति की पेंटिंग का एक्जीबिशन लगायेंगे। क्यों सिस?'

श्रुति अपने स्वीट एंड सॉर के बाउल में आँखें गड़ाये हैं। मन कर रहा है ज़ोर से कहे, मेरे बारे में बात करना छोड़ो। टॉक समथिंग एल्स।

वह कुछ कहती नहीं। कहना चाहती है। बहुत कुछ।

अब मम्मी और गौरव का शास्त्रार्थ चल रहा है। मुम्बई में कहाँ रहते

हो से शुरू होकर, मुम्बई तो बहुत महँगा शहर है न, से होते हुए क्या कर रहे हो इन दिनों तक...

गौरव का चेहरा सपाट है। इति ज़रूर थोड़ी घबरायी–सी दिख रही है। कहीं गौरव ज़रूरत से ज़्यादा न बक दे। जिस काम के लिए मुम्बई गया, वह तो हुआ नहीं। वही क़िस्सा, पुराना दोस्त, मुम्बई के शेयर बाज़ार में इधर का उधर करता है। उसी ने सब्ज़बाग दिखाया है गौरव को, यहाँ आ जाओ, मिलकर धन्धा करेंगे, लोन पर पैसे उठायेंगे और शेयर मार्केट में लगायेंगे। वही नामाकूल दोस्त 'सी ग्रेड' फ़िल्मों में भी पैसे लगा रहा है। गौरव का इंटरेस्ट है, इसलिए वह भी लगा रहता है। क्या पता फ़िल्मों में ही कुछ बात बन जाये।

'मम्मी जी। इति ने बताया नहीं क्या? स्टॉक मार्केट का काम देख रहे हैं। मॉडलिंग भी कर रहे हैं। इधर एक भोजपुरी फ़िल्म की भी बात है, देखिए तो, क्या होता है? दो–तीन में इधर मीटिंग है। राइटर इधर का है। कहानी–वहानी सुनायेगा। पसन्द आये, तो कर लेंगे।'

'एक्टिंग करोगे?'

'जी, चांस मिला तो। बहुत करामाती शहर है मुम्बई। हम तो पहले देखकर पगला ही गये। हमारे बाजू के फ़्लैट में एक अन्ना रहता है। पता है मम्मीजी, गन्ने का जूस बेचकर उसने अपना फ़्लैट बना लिया है।'

'तो तुम गन्ने का जूस बेचोगे?'

'अरे नहीं मम्मीजी। हम तो आपको एग्जाम्पल दे रहे थे। हम उतने कलाकार आदमी थोड़े ही न हैं।'

इति ने मम्मी की तरफ़ देखकर आँखें तरेरीं। अब नौबत गन्ना जूस बेचने की आ गयी? गौरव, श्रुति की तरफ़ देखकर पूछ रहा है, 'श्रुति मुम्बई गयी हो कभी?'

श्रुति ने न में सिर हिलाया। मम्मी ने जवाब दिया, 'कई साल हो गये। ये दोनों तो बच्ची थी। श्रुति होगी दो–एक साल की। मुम्बई में रहे थे दस दिन। गोवा भी गये थे।'

'वाह मम्मीजी। आप तो ख़ूब घूम आयी हैं दुनिया। आप क्यों नहीं चली गयीं चाइना, पापाजी के साथ?'

मम्मी खिसियाकर मुस्कुरायीं, 'ऑफ़िशियल है। मुझे थोड़े ही लेकर जायेंगे।'

'मम्मी जी, पता कर लीजिए किसी और को तो लेकर नहीं गये?'

मम्मी से पहले इति ने चुप करवा दिया गौरव को, 'क्या कह रहे हो गौरव?'

इसके बाद सब शान्ति से चाइनीज़ खाने लगे। बस बातों की जगह चबर–चबर और सरप–सरप आवाज़ें आने लगीं।

होटल से लौटकर घर आने तक तो ठीक था। पर घर के ठीक सामने इति की हाई हील जवाब दे गयी और वह लड़खड़ाकर रोड पर ही गिर पड़ी। गौरव ने उठाने की कोशिश की, मम्मी ने सँभालने की कोशिश की।

इति से उठा नहीं गया, किसी तरह गौरव उसे गोद में उठाकर दो फ्लोर चढ़कर घर ले आया। रात में मम्मी की पुलटिस और गौरव का मसाज किसी काम न आया।

अगले दिन सुबह हॉस्पिटल में एक्स–रे करवाते ही पता चल गया, ऐन्कल में फ्रैक्चर है। छह हफ़्ते प्लास्टर। नो चलना–फिरना।

इति खीझी हुई लग रही थी, 'ऐसे कैसे हो गया? सिक्स वीक्स? मैं कैसे मैनेज करूँगी? माई फुट!'

हॉस्पिटल में सब थे। मम्मी इति का हाथ पकड़कर बैठी थी। गौरव भाग–दौड़ कर रहा था, मेडिकल स्टोर से प्लास्टर लगाने के लिए मैटीरियल ख़रीद रहा था।

डॉक्टर गुस्साती इति को क़ाबू में लाने की कोशिश कर रहे थे।

गौरव लम्बी साँस लेकर डॉक्टर के रूम से बाहर निकलकर सामने बैठी श्रुति के पास बैठ गया। इस समय उसे सिगरेट पीने की ज़बर्दस्त तलब लग गयी थी। उसने धीरे–से पूछा, 'साली साहिबा, चाय पियेंगी?'

श्रुति ने न में सिर हिलाया।

'कोई नहीं, साथ तो चलिएगा न। मैं ही कुछ पी लूँगा।'

हॉस्पिटल से थोड़ी दूर पर सिगरेट की दुकान थी। गौरव ने सिगरेट सुलगाया। श्रुति के लिए लेमनचूस ख़रीदा।

चलते समय गौरव ने आख़िरकार उससे पूछ ही लिया, 'हमसे भी नाराज हो क्या?'

श्रुति ने बस सिर हिलाया।

'हम कोई इतने दूर के तो नहीं, जो बोल ही नहीं रहीं। हमें पता है भई। जो हुआ, सही नहीं हुआ। पर ऐसे काम तो नहीं चलेगा न। अपना चेहरा तो देखो, क्या कर लिया है तुमने।'

बस, श्रुति की आँखें भर आयीं। वह रोने लगी।

धीरे–से नहीं, अच्छे से, सुबकते हुए।

गौरव डर गया।

'प्लीज, रोना बन्द कीजिए। ऐसे नहीं करते। आप तो गुड गर्ल हैं न। देखिए...'

अपनी जेब से रूमाल निकालकर उसने श्रुति को दे दिया।

'हमें पूरी बात नहीं पता। मन करे, तो बता दीजिए।'

श्रुति ने आँखें पोंछते हुए कहा, 'इति ने बताया नहीं? मेरी इंगेजमेंट टूट गयी है।'

'हाँ, इतना तो बताया था। पर यह तो ऊपर की बात हुई न। अन्दर की बात तो आप ही बतायेंगी।'

श्रुति सुबकते हुए बोली, 'जीजू, मेरे साथ बहुत ग़लत हुआ है।' धीरे–धीरे, उसने लगभग पूरी बात बता दी। न जाने क्या सोचकर वह बस सेक्स वाली बात छिपा गयी। पता नहीं क्या सोचेगा, गौरव? चीप, हाई फाई, सेक्स मेनियाक।

अपने जन्मदिन की पार्टी, पार्टी में स्पेशल बल्कि पर्सनल गिफ़्ट देना...

गौरव के माथे पर बल पड़ गया, 'उस हरामजादे ने कुछ और तो नहीं किया?'

श्रुति का चेहरा अचानक बुझ गया, 'जीजू, आप ऐसा क्यों कह रहे हैं? मैं अपनी मर्ज़ी से गयी थी न। कोई बच्ची तो नहीं हूँ न। जो हुआ, दोनों उसमें...'

'अरे बाप रे।' गौरव के मुँह से निकला।

श्रुति की आँखें भर आयीं, 'सब ठीक चल रहा था। इति ने पापा को न बताया होता तो...'

'वह तो ठीक है। पर बच्ची, उस गधे में इतनी हिम्मत होनी चाहिए थी न। ऐसे थोड़े ही छोड़ देता है कोई किसी को। आपने ट्रस्ट किया था न उस पर। वह मिलकर क्लियर कर लेता।'

श्रुति ने सिर झुका लिया। हॉस्पिटल तक आते–आते श्रुति ने गौरव को लगभग पूरी बात बता दी। अपना वर्जन, अरविन्द का वर्जन, पापा का वर्जन।

रायता फैलने से लेकर, रायते के गोबर होने तक।

गौरव ने कहा, 'इस महाशय को तो ठीक करना पड़ेगा। बहुत हवा में

उड़ रहे हैं। अरे, आई.ए.एस. न हो गये, खुदा हो गये क्या। जरा बताइए तो, जनाब कहाँ से पढ़े हैं?'

'हिन्दू से किया है ग्रेजुएशन। हॉस्टल में रहते थे। फ़ैमिली नजफगढ़ की है।

'चलिए हो गया आपका काम। हम यहीं से उनको पी.जी. भी करवायेंगे। घर जाकर बात करते हैं।'

'रहने दीजिए जीजू। बेकार है। अरविन्द ने कह दिया है कि हमसे कोई रिश्ता नहीं रखना चाहते।'

'देखिए साली जी। अब जो डिसीजन लेना होगा, आप लेंगी, वो बैनचो नहीं। आप अपनी सिस्टर से कुछ सीखिए न। हमें इति की यही बात तो अच्छी लगती है। धाकड़ है, अपनी शर्त पर जीती है। कैसे सबसे लड़कर हमसे शादी की। आपके पापा ने कितना बवाल किया। परवाह की उसने। नहीं न। घर लौट आयीं, तो किसी के इन्विटेशन का इन्तजार नहीं किया। अपने डिसीजन खुद लेती है। मजबूत बनिये आप भी। वरना ये अरविन्द जैसे गब्दू आपके ऊपर पैर रखकर दौड़ते चले जायेंगे। छोड़ना है, रहना है, यह आप तय करेंगी, वह हरामज़ादा नहीं।'

शानदार स्पीच थी गौरव की। श्रुति को जोश से भरने वाली स्पीच। सही कह रहे हैं जीजू। वह अन्दर–बाहर से कमज़ोर है। तभी तो माथे पर सबसे बड़ी चूतिया बिना लिखे भी सब पढ़ लेते हैं।

रात को इति को खाना खिलाने के बाद गौरव कमरे से बाहर निकला, तो श्रुति ड्राइंग रूम में बैठकर टीवी देख रही थी। मम्मी सोने चली गयी थीं।

गौरव आकर उसके पास बैठ गया।

'जरा अपना फोन दीजिए तो। उस गधे का नम्बर डायल करके दीजिए।'

श्रुति शायद इसके लिए अपने आपको काफ़ी देर से तैयार कर रही थी। उसने फ़ोन पकड़ा दिया।

अरविन्द के फ़ोन पर रिंग जाती रही, उसने फ़ोन नहीं उठाया।

अब गौरव ने अपना फ़ोन निकाला। पुराना सिम निकालकर पर्स से नया सिम निकालकर लगाया, चार रिंग के बाद फ़ोन उठ गया।

'अरविन्द स्पीकिंग', सुनने के बाद गौरव ने बोलना शुरू किया, 'बैनचो, बड़ी जल्दी फोन उठा लिया। बहुत बेचैन हो रहा है स्साले।'

उधर से पता नहीं अरविन्द ने क्या कहा, गौरव हँसने लगा, 'भोसड़ी के, हम अपना नाम बतायेंगे तो तेरी निकल जायेगी। हम कौन हूँ? ट्रू कॉलर में देख ले, समझ जायेगा। तेरे सारे किस्से जानता हूँ। स्साले नजफगढ़िए। अहमद मामू का नाम सुना है न? बस, समझ ले, वही बोल रहे हैं। अब काम की बात सुन भोसड़ी के। कुमारी स्रुति हमारी बहन है। सुसाइड करने जा रही थी तुम्हारे नाम नोट छोड़कर। वो तो शुक्र मनाइए कि हम टाइम पे पहुँच गये।'

श्रुति के चेहरे पर आश्चर्य के भाव आये। कितना अच्छा एक्टर है गौरव। एक दिन ज़रूर भोजपुरी फ़िल्मों में ही नहीं, हिन्दी फ़िल्मों में भी काम करेगा।

'आप हमारी बात सुनिये पहले। फोन क्यों नहीं उठाते आप स्रुति जी का? क्या गलती की है उसने? आपको शर्म आनी चाहिए, जो लड़की आपका पास्ट जानने के बाद भी आपके पास आती है, उसके बारे में आप इतना गलत सोचते हैं? आपको उनका साथ देना चाहिए कि छोड़ देना चाहिए।'

'साँप काहे सूँघ गया कलेक्टर साहब? हम चाहे तो आपको उठवा सकते थे। आपको ऐसे बजाते कि आपको पता भी न चलता कि आप बज रहे हैं या पिट रहे हैं। हमने स्रुति बहन का लिहाज कर लिया, नहीं तो...'

'अरे, वही तो हम भी कह रहे हैं। एक बार मिलकर क्लारिफाई तो कर लेते? ऐसे कैसे छोड़ दिया आपने? आप आदमी हैं कि क्या हैं? एक बार जिप खोलकर झाँकिये तो। अब तुमने कोई चिरकुटाई की तो कहे देते हैं छोड़ेंगे नहीं। अच्छा, रख रहे हैं फ़ोन। हमारे बारे में कुछ जानना हो तो अहमद मामू से पूछ लेना। वैसे हमारा चेहरा इतना बुरा भी नहीं दामाद जी। जिस साल तुम पाजामे का नाड़ा लगाना सीख रहे थे, उस साल डीयू के इलेक्सन में गेंदे की माला पहने जीप पर जो जीत कर निकला था न, बस उसकी शक्ल याद कर लेना।'

'अच्छा, फ़ोन रखिए। नमस्ते।'

गौरव फ़ोन नीचे रखकर सोफे पर पसरकर बैठ गया और ठहाका लगाकर बोला, 'किस चूतिए ने इसे कलेक्टर बनवा दिया भई? हवा टाइट कर दी उसकी। श्रुति, आप आराम से जाकर रेस्ट कीजिए। हमने भी ऐसे सिम से स्साले को कॉल लगाया है, घबरा जायेगा। यूपी में बहुत नाम है

मामू का। हमारी फिल्म के प्रोड्यूसर हैं। देखिए, कैसे आपके पीछे दौड़ा आयेगा कमीना।'

सुबह तक इन्तज़ार नहीं करना पड़ा। आधे घण्टे में मैसेज आ गया, हाऊ आर यू सॉरी, आइ वॉज ट्रैवलिंग, कुडंट पिक योर कॉल। आइ एम इन डेल्ही दिज वीकएंड। लेट्स मीट। प्लीज़ डोंट टेक एनि एडवर्स स्टेप। लव यू।

श्रुति का मन हुआ, दौड़कर कमरे से बाहर जाये, गौरव को बताये।

रात के बारह बज रहे थे। वह सुबह तक का इन्तज़ार कर सकती थी। अचानक लगने लगा कि अब वह बहुत कुछ कर सकती है।

'तुमने मुझे पहले क्यों नहीं बताया?'

'तुम कुछ सुनने को तैयार नहीं थे।'

'आइ एम सो सॉरी श्रुति। मुझे लगा...'

'इट वॉज़ ऑल ए मिसअंडरस्टैंडिंग। मैंने कभी पापा से कुछ शेयर नहीं किया, अरविन्द। एम आइ दैट फूल? एक रात तुम्हारे साथ बिताती हूँ और घर जाकर पापा से कह देती हूँ कि...'

'हम्म! बात ग़लत तरीक़े से प्रोजेक्ट हो गयी।'

'तुम्हारे डैडी ने शायद कोई डिमांड रखी थी...'

'ऐसा नहीं है। वैसे भी वह दोनों डैडियों का आपस का मामला है। हम तुम तो कभी इसके बीच थे ही नहीं।'

'या। शायद। तो अब?'

'मैं तुम्हारे पापा से बात करूँगा।'

'पहले अपने डैडी से करो न।'

'सिली। वह तो है ही। थोड़ा टाइम दो। सब सॉर्ट आउट कर लेंगे।'

'तुम इतने रूड क्यों हो गये?'

'रूड नहीं था। मैं भी तो परेशान था। इनफैक्ट मुझे तो शॉक लगा था। तुम ऐसा करोगी कभी सोचा नहीं था। जिस तरह से बात सामने आयी...'

'आइ नो। पापा बहुत गुस्से में थे। मेरी सिस्टर है न इति। उसने पापा से कहा कि...'

'लीव इट। अब सोचते हैं कि सब कुछ कैसे ठीक करना है। एक बात बताओ श्रुति? तुम बैकआउट तो नहीं करोगी न?'

श्रुति ने नहीं में सिर हिलाया।

'और मैं ये क्या सुन रहा हूँ? यू ट्राइड कमिटिंग सुसाइड, आर यू मैड?'

श्रुति ने कुछ नहीं कहा।

'अच्छा, तुम अहमद मामू को कैसे जानती हो?'

'कौन मामू...?'

'रहने दो। देखो, सबसे कहने की ज़रूरत नहीं है कि तुम मुझसे मिली हो। मुझे एक–दो दिन का टाइम दो। मैं सब ठीक कर दूँगा।'

श्रुति ने सिर उठाकर उसकी तरफ़ देखा।

'ऐसे क्या देख रही हो? कहा न आइ लव यू!'

गौरव के चेहरे पर अच्छी वाली स्माइल आयी।

'आप खुश हैं न स्रुति जी? बस हमें तसल्ली हो गयी।'

श्रुति और गौरव बिग बाज़ार आये थे, घर का सामान ख़रीदने। श्रुति एक तरह से बेताब थी, अरविन्द और उसकी मीटिंग के बारे में बताने को। एक तरह से खींचकर सी.सी.डी. ले गयी। दोनों के लिए कैपेचीनो ऑर्डर किया।

कॉफ़ी आने से पहले उसने जल्दी–जल्दी बताया, अरविन्द ने यह कहा, वह कहा।

इस समय गौरव उसके लिए फ्रेंड फ़िलॉस्फर गाइड वाले रोल में था। पहले की बात होती तो वह इस रोल के लिए इति को चुनती। अब इति से नॉर्मल बात हो जाये, वही बहुत था।

'आप इस आदमी पर पूरी तरह ट्रस्ट करती हैं न?'

'पता नहीं जीजू। मन करता है कि करूँ। बन्दे को देखकर तो यही लगा कि उसने जो किया उसे अफ़सोस है।'

'चलिए, अच्छा है। अब तो आप खुश हैं न?'

'कन्फ्यूज्ड हूँ। पता नहीं पापा कैसे रिएक्ट करेंगे।'

'उसकी चिन्ता आप काहे कर रही हैं। अल्टिमेटली पापा जी तो चाहते हैं न कि आप खुश रहें। बस अड़ जाइयेगा।'

श्रुति ने कॉफ़ी का लास्ट घूँट पीते हुए, हाँ में सिर हिलाया। अड़ने के काम में तो मज़ा ही आता होगा।

घर पर इति के कुछ फ्रेंड्स उससे मिलने आये थे। उसके पैर पर लगे

नीले प्लास्टर में दोस्त विशेज लिख रहे थे, साइन कर रहे थे, ड्राइंग बना रहे थे।

बहुत दिनों बाद श्रुति ने मोनू को देखा।

मोनू के साथ एक गदबदी–सी लड़की।

मोनू ने इंट्रोड्यूस करवाया, 'माय फियांसे। अनुराधा।'

श्रुति की एज की लग रही थी। लखनवी शॉर्ट कुर्ती और जीन्स में।

मोनू और गौरव ने ठण्डे–ठण्डे हाथ मिलाया, कोई बात नहीं की। गौरव कुछ काम है कह कमरे से बाहर चला गया। गौरव भूला नहीं था, मोनू भी नहीं।

गौरव के कमरे से जाते ही मोनू ने इति से कहा, 'तुम इस चेप के साथ कैसे रहती हो इति?'

चेप? इति के चौंकने से पहले श्रुति रिएक्ट कर गयी, 'मोनू भैया, यू शुड माइंड योर लैंग्वेज़। वे हमारे घर के सन इन लॉ हैं।'

मोनू झेंप गया, 'मैंने ऐसा क्या कह दिया? इति जानती है, पुरानी फ्रेंड है मेरी।'

'तो? आप कुछ भी कह देंगे, सबके सामने।'

मोनू हकबका गया।

इति ने श्रुति का हाथ पकड़कर रोका, 'रिलैक्स श्रुति। मोनू ऐसा ही है।'

'दी, तुम इसकी साइड कैसे ले रही हो? तुम्हारे सामने जीजू को गाली दे रहा है।'

'गाली? नो... मज़ाक़ कर रहा था भई।'

इति ने श्रुति को कुछ कहने से रोक लिया, 'मैं हूँ न सिस। यू डोंट वरी। प्लीज़, कोल्ड ड्रिंक का इन्तज़ाम करना सबके लिए।'

श्रुति कमरे से बाहर निकली। मम्मी पहले ही कुक को बोल चुकी थीं, खाने–पीने का इन्तज़ाम करने।

श्रुति के पीछे–पीछे अनुराधा भी आ गयी।

'तुमसे कुछ पूछना है श्रुति।'

'हाँ!'

'क्या मोनू और इति का अफ़ेयर था? कभी?'

'क्यों?'

'मोनू अकसर इति की बात करता है, यह भी कि उसे कितना सबस्टैंडर्ड हस्बैंड मिला है वग़ैरह। मुझे अजीब लगा। ऐसा कुछ है।'

'नहीं। आइ डोंट नो। इति और मोनू फ्रेंड्स रहे हैं। और कुछ था तो...'

'मोनू, गौरव से इतना चिढ़ते क्यों हैं? बता रहे थे कि...'

'देखो अनुराधा। चीज़ों को अगर प्याज़ की तरह छीलोगी, तो हाथ गुठली भी नहीं लगेगी। अगर मोनू से कोई प्रॉब्लम है तो उससे साफ़–साफ़ क्लियर करो न। इधर–उधर मत पूछो। छिलका उड़ने लगेगा, तो कुछ भी हाथ नहीं आयेगा।'

वाह! क्या डॉयलॉग मारा। कहने के बाद श्रुति वहाँ रुकी नहीं। अपने कमरे में चली गयी।

उस रात को याद नहीं करना चाहती, श्रुति। दोनों बहनों में मस्तममस्त झगड़ा हुआ। गवाह बने गौरव और मम्मी। दोनों रोकते रहे।

एडल्ट होने के बाद पहली बार श्रुति किसी से, ख़ासकर इति से ऐसे झगड़ रही थी। गालियों वाला झगड़ा, सर्वेंट वाली लैंग्वेज़ में। आश्चर्य हुआ श्रुति को कि उसे इस तरह से बोलना भी आता है!

बात सिर्फ़ इतनी थी...

श्रुति ने इति के फ्रेंड की इन्सल्ट कर दी।

और वह जो जीजू की इनसल्ट कर रहा था, वह कुछ नहीं?

एक मेरा हस्बैंड है, दूसरा मेरा दोस्त, मैं डील कर लूँगी।

जब बात मेरी शादी की थी, मेरे फियांसे और पापा के बीच पड़ने की तुम्हें क्या ज़रूरत थी? तुम आग लगाती फिरती हो। ऊपर से तुर्रा ये कि हम बच भी न पायें।

बात निकली तो दूर तक चलती चली गयी। तेरे पापा, मेरे पापा, तेरी मम्मी, मेरी मम्मी, मेरा हस्बैंड–मेरा जीजू, मेरा घर–तेरा घर और पता नहीं कहाँ–कहाँ।

मम्मी और गौरव ने बीच–बचाव करने की बहुत कोशिश की। आख़िरकार मम्मी सिर पकड़कर बैठ गयीं, 'लो फोड़ लो एक–दूसरे का सिर। इसी दिन के लिए तो पैदा किया था तुम दोनों को।'

गौरव ने इति को समझाने की कोशिश की, 'यार, श्रुति छोटी बहन है तुम्हारी। काहे जड़ खोद रही हैं? शान्त रहिए न। तभी तो एक–दूसरे की बात समझ आयेगी।'

इति ने गौरव का हाथ झटक दिया, 'तुम्हें अन्दाज़ नहीं है गौरव। जब से मैं लौटकर आयी हूँ इसे प्रॉब्लम है। इसे लगता है यह सिर्फ़ इसका घर है, मम्मी–डैडी, घर–जायदाद सब इसका है... '

'अगर तुम्हें ऐसा लगता है दी, तो मेरी शादी ब्रेक करके कौन–सा भला काम किया? मैं तो अच्छी–भली जा रही थी न सब छोड़कर। कहीं तुम्हें यह तो नहीं लग रहा था कि पापा मेरी शादी में अपना ये पूरा ज़मीन, ये जायदाद न लुटा दें?'

अब मम्मी ने श्रुति का हाथ पकड़कर खींच लिया, 'कमबख़्त, दोनों चुप ही नहीं होतीं। शर्म करो!'

अचानक श्रुति चुप हो गयी। कमरे से बाहर निकल गयी। ऐसे जैसे लड़ते–लड़ते शक्ति चुक गयी हो।

मम्मी और गौरव इति के पास ही बैठे थे।

दस मिनट बाद श्रुति कमरे में आयी और बस इतना कहा, 'आइ एम सॉरी दी।'

इति ने अपना हाथ आगे बढ़ाया, धीरे–से श्रुति ने अपना दायाँ हाथ उसके हाथ में रखा और वहाँ से चली गयी।

पापा के आने से चार दिन पहले गौरव मुम्बई लौट गया। जाते–जाते थोड़ा भावुक हो गया श्रुति के सामने, 'आपको लेकर चिन्ता होने लगी है।'

'क्यों जीजू?'

'बहुत साफ़ दिल की हैं आप। कोई भी फ़ायदा ले सकता है। अपने को सँभालकर रखियेगा।'

'आपने मेरी प्रॉब्लम सॉल्व कर ही दी है। अब क्या होगा?'

'शादी के बाद कम प्रॉब्लम्स आयेंगी क्या?'

'आप हैं न। आपसे पूछ लूँगी। आज से आप मेरे गुरु, मैं आपकी चेली।'

'अरे बाप रे। अपनी दी को मत बताना। वरना हमें गुरू घण्टाल बना देंगी।'

श्रुति हँसने लगी, 'अच्छा लगता है, आपको दी से डरते हुए देखने में।'

'साली साहिबा। पति ख़ुश तभी रह सकता है जब अपनी बीवी से डर कर रहे।'

'जीजू, हमें तो आपकी फ़िक्र ज़्यादा होती है। मुम्बई में कितना स्ट्रगल है। आप अकेले मैनेज करते हैं।'

'थोड़े दिनों में इति को बुला लेंगे। फिल्म साइन कर लें पहले।'

श्रुति ने मन ही मन आमीन कहा।

अरविन्द एकदम जेंटलमैन की तरह पापा से मिला। पापा चीन से लौट आये थे। अरविन्द ने पापा के दोस्त कमल अंकल से बात की, उन्हें कॉन्फ़िडेंस में लेने के बाद पापा से मिला।

अपने डैडी से बात करवायी। ग़लतफ़हमियाँ दूर हो गयीं। पापा भी अफ़सोस के मूड में आ गये कि बेटा, हमने तुम्हें ग़लत समझ लिया था। तुम बोलो बेटा, क्या चाहिए तुम्हें मैरिज में? जो गाड़ी चाहे बुक करवा लो। मैं तो बस अपने बच्चों की ख़ुशी चाहता हूँ।

पापा ने घर आकर पहले मम्मी को बताया कि अरविन्द एंड फ़ैमिली को वे कितना ग़लत समझ रहे थे। अच्छे लोग हैं। मैंने इतना कुछ कहा, फिर भी रिश्ता जोड़ना चाहते हैं। मम्मी के बाद श्रुति का नम्बर आया–

बेटा, अरविन्द जी शर्मिन्दा हैं अपने किये पर। अच्छे आदमी हैं। तुम बताओ, क्या चाहती हो? बात आगे बढ़ायें।

श्रुति की आँखों में हज़ारों नन्हे–नन्हे दीप जल उठे। एक बार फिर अन्दर–बाहर रोशन होता लगा।

उसने हाँ में सिर हिलाया।

उस दिन रात देर तक वह बालकनी में मोबाइल फ़ोन का टॉर्च ऑन कर पेंटिंग करती रही। न जाने क्यों रंगबिरंगी तितलियाँ बनाने का मन हुआ। तितलियाँ भी मुँहज़ोर थीं। बनते ही साथ पंख फड़फड़ाती हुई बालकनी से कूद कर उड़ जातीं। आख़िरकार उसने चमकीले नीले रंग की एक तितली बनाई और उसे अपनी मुट्ठी में दबोच लिया।

यह तो तय था कि इति के मन से फाँस नहीं निकली है। मम्मी को ख़ुद भी लगने लगा था, इति की शादी में कुछ कर नहीं पायीं।

श्रुति इस बात से लगभग ख़ुश थी कि उसने जो चाहा, उसे मिल रहा है। पर फिर भी उसे बीच–बीच में अपने फ़ैसले पर डाउट होने लगता।

पॉलिटिशियन पापा के होने के फ़ायदे–नुक़सान दोनों नज़र आने लगे थे। फ़्लैट के छोटे–से गलियारे में अब दो शिफ्ट में सिक्योरिटी

गार्ड बैठते थे। पापा के पीछे–पीछे एक गनर चलता। पापा बड़े शान से टेबल पर पहले अपना पिस्तौल रखते, फिर घड़ी वगैरह।

मम्मी की अलमारी पहले की तरह खुली नहीं रहती थी। उनके पर्स में कैश की गड्डी पड़ी होती। घर में दिनभर लोगों का आना–जाना रहता। मम्मी सबको एंटरटेन करतीं। कभी–कभार इति भी।

इति के पैर का प्लास्टर खुल चुका था। घर में ही डॉक्टर फिजियोथेरेपी के लिए आता।

अचानक श्रुति ने पाया, पापा इति को लेकर थोड़े संजीदा होने लगे हैं। जब भी वे लखनऊ में होते हैं, इति को अपना काम बता कर जाते हैं। दिल्ली में होने वाली मीटिंग में भी उसको ले जाने लगे हैं। उसकी सलाह मानने लगे हैं।

श्रुति को तो बस वे आते–जाते प्यार से गाल में पप्पी दे देते हैं। यानी घर वालों ने मान लिया है कि इति आ गयी है और श्रुति चली जायेगी।

पापा ने हिदायत दे रखी थी कि सिक्योरिटी गार्ड्स से बेफ़िजूल बात करने की कोई ज़रूरत नहीं है, घर के अन्दर एंट्री नहीं होगी।

मम्मी को बुरा लगता, देख तो इति सुबह से एक पैर पर खड़ा है वॉचमैन। न हो तो चाय के लिए पूछ ले।

इति मम्मी को झाड़ देती, 'मम्मी, आप अपने आपको बदल लो। ये मोहल्ले वाली आंटी बनना छोड़ो।'

सिक्योरिटी गार्ड ड्यूटी चेंज होने के बाद घर में रिपोर्ट करते। यह काम इति ने अपने ऊपर ले लिया था। मम्मी कभी–कभार यह भी कह देतीं, 'इन नमूनों से घर के दूसरे काम भी तो करवा लिया कर। सब्ज़ी ला दिया करेंगे, किसी दिन बाई न आये तो... '

इति आँखें तरेरती, 'सोचना भी मत। हद करती हो मम्मी।'

श्रुति इसमें पड़ना नहीं चाहती थी। पर घर आते–जाते दरवाज़े के बाहर बैठे गार्ड उसे अजीब लगते।

इस बीच पापा को यह चिन्ता भी होने लगी कि कहीं उनकी बेटियों के साथ कुछ न हो जाये। किडनैपिंग टाइप कुछ।

इति को तो तामझाम और गार्ड के साथ आने–जाने की आदत हो गयी है, श्रुति का क्या करें? जो शाम को लपककर घर से उतरती है और

सामने चाटवाले के पास जाकर गोलगप्पे खा आती है।

गोलगप्पों और सिक्योरिटी के बीच यह जो बहस की शहनाई बजने लगी है, उसकी आवाज़ इतनी बेसुरी और ठण्डी–ठण्डी क्यों है?

इस बार जब अरविन्द की मम्मी जी अपने कुछ रिलेटिव्स के साथ शादी की बातें करने घर आयीं, तो फ़्लैट के बाहर तैनात सिक्योरिटी देख कर इम्प्रेस्ड लगीं। अब लग रहा है न नेता वाला घर। वह एम.एल.ए. ही क्या जो अपनी औक़ात न दिखाये।

यही नहीं, इति ने तो नजफगढ़िया आंटी को चारों खाने चित कर दिया। अपने नये हेयर कट और गोल्डन हाइलाइटर में इति धांसू लग रही थी। जीन्स, टाइट टी–शर्ट और ऊँची हील में धड़धड़ाती वह उनके सामने आयी। उसके पीछे–पीछे यूनिफॉर्म में सजा हुआ बटलर हाथ में ट्रे लेकर नमूदार।

चार तरह के नाश्ते, तीन तरह की मिठाइयाँ, चमचमाते गोल्डन कप में लेपच्यू पत्ती की चाय, नैपकीन।

ऊपर से तुर्रा ये कि इति बटलर से भी इंग्लिश में ही बोल रही थी। आंटी को धराशाई करने के बाद इति उनके रिलेटिव्स की तरफ़ मुड़ी, स्टाइल से पैर छूने के बाद करीने से पैर पर पैर रखकर बैठ गयी।

उस क्षण आंटी जी को लगा, उनके आई.ए.एस. बेटे के साथ तो ऐसी किसी धाकड़ रूपसी को होना चाहिए। चेहरे पर बिना पाउडर और लिपस्टिक लगाये सबके सामने आने वाली साध्वी श्रुति को नहीं।

इति अब हर तरह से पापा की भाषा बोलने लगी थी। आंटी तो उस समय गद्‌गद हो गयी जब इति ने कहा कि थोड़ी देर में वेंडिग प्लानर आने वाला है, डिस्कस करने।

श्रुति चुप है। दिमाग़ में कुछ चल रहा है।

क्या ये सब मेरी शादी की बात कर रहे हैं? अगर हाँ, तो इसमें मैं कहाँ हूँ?

रॉकी और राधा पूरी फ़ाइल लेकर आये हैं घर, रॉकिंग शादी, उनकी कम्पनी का नाम है। चार साल से शादियाँ करवा रहे हैं। एक से एक थीम। लैपटॉप पर वीडियो दिखा रहे हैं। मम्मी और मम्मीजी हँस रही हैं, ख़ुश हो रही हैं। एक शादी में तो टीवी के आर्टिस्ट भी नाच रहे हैं।

मम्मीजी गिगलिया रही हैं, 'शाहरुख खान भी तो नाचता है न शादियों में?'

'यस मैडम। बीस करोड़ लेते हैं। आधे घण्टे के। बजट है तो हम उन्हें ले आयेंगे। वाई नॉट?'

मम्मीजी का मुँह खुला रह गया है।

कोई नहीं, टीवी के ही एक–दो आर्टिस्ट आ जायें। दिया और बाती, बालिका वधू की हीरोइन...

श्योर, आप बजट बता दीजिए। हम ले आयेंगे।

ओह, सेलिब्रिटी वेडिंग! क्या बात है! अब सबने नाश्ते पर ज़ोर लगाया है। वेडिंग प्लानर जानना चाहते हैं ब्राइड की पसन्द।

श्रुति की आँखों में अजीब से भाव हैं। कोई उत्साह नहीं। अचानक वह कहती है, 'मुझे ऐसी शादी नहीं चाहिए। मेरी शादी है, तमाशा नहीं...'

सब हक्के–बक्के रह गये हैं। मम्मीजी और उनके रिलेटिव्स। सबसे ज़्यादा इति। वह लेट डाउन फील कर रही है।

लखनऊ में पापा को भी भनक लग गयी है। रात को फ़ोन करते हैं पापा 'श्रुति, बेटा क्या हुआ? तेरी पसन्द से तो कर रहे हैं शादी।'

'कुछ भी तो नहीं पापा। मुझे इतनी तामझाम वाली शादी नहीं चाहिए। वेडिंग प्लानर...'

'वह तो इसलिए बेटा कि मेरे पास टाइम नहीं है। वहाँ किसी को तो काम सँभालना देखना पड़ेगा न। तू पैसे की चिन्ता क्यों कर रही है? तू बस एंजॉय कर।'

'पापा मैं कम्फर्टेबल नहीं हूँ।'

'कोई बात नहीं श्रुति। हमारे भी अरमान हैं। घर में पहली बार ऐसी शादी हो रही है। मैं भी सबको दिखाना चाहता हूँ।'

'लेकिन पापा...'

'तू इतना सोच मत। इति है न वहाँ, वह सँभाल लेगी।'

'मुझे ऑकवर्ड लग रहा है। आप मेरे साथ ज़बर्दस्ती क्यों कर रहे हैं?'

पापा हर्ट हो गये। ज़बर्दस्ती? बेटियों के लिए इतना झुके जा रहे हैं, उनकी पसन्द पर कुर्बान जा रहे हैं और ये कह रही है ज़बर्दस्ती।

पापा ने फ़ोन रख दिया। श्रुति ने पापा को दुखी कर दिया। कुछ सालों पहले इति ने किया, अब श्रुति ने। दुनिया में सबकी बेटियाँ नॉर्मल होती हैं, पेरेंट्स का कहना मानती हैं, उनकी पसन्द–नापसन्द पर चलती

हैं। ये दोनों निराली हैं। एक्सट्रीम अपोजिट। दोनों विचित्र हैं। दोनों को समझना मुश्किल है।

इति न सिर्फ़ अपसेट है, जता भी देती है।

'श्रुति, तुझे पता भी है क्या कर रही है? इतना कन्फ़्यूजन? अरेंज्ड मैरिज है, कोई लव मैरिज नहीं, जहाँ तू जो चाहेगी वही होगा।'

'क्यों?'

'समझा कर सिस्टर। मुझे शिकायत है कि पापा ने मेरी शादी पर पैसा ख़र्च क्यों नहीं किया? वह सिचुएशन अलग थी। तुझे मौक़ा मिला है, तो उसका फ़ायदा क्यों नहीं उठाती?'

'फ़ायदा? वह क्या होता है दी? शादी में पैसा फूँकना। वेडिंग प्लानर को और शाहरुख खान पर पैसे लुटाना...'

'यू आर मैड। सब लड़कियाँ तरसती हैं ऐसी वेडिंग को। एक बार ज़िन्दगी में शादी करते हैं, कुछ तो टशन हो!'

'आइ एग्री। एक ही बार करते हैं। तो फिर वह मेरी पसन्द का होना चाहिए न।'

'तेरी पसन्द क्या है?'

'सिम्पल...कल का न्यूज़ पेपर देख लो। मुम्बई में एक कपल ने हैलीकॉप्टर में शादी की है। ऐसा ही कुछ...अननोन सी जगह। जहाँ बस मैं और अरविन्द हो। कुछ नया दी...'

'यू आर इम्पॉसिबल!'

अब तो श्रुति को भी लगने लगा है कि वह इम्पॉसिबल होती जा रही है या अलग?

रात फिर से बालकनी में बैठकर पेंटिंग कर रही है। अरविन्द को मैसेज किया है, तुम्हें कैसी शादी चाहिए? सिम्पल या शानदार।

उसने जवाब दिया है–वाई सिम्पल? लेट्स हेव ए ग्रैंड वेडिंग।

श्रुति का हाथ अचानक रुक गया। ब्रश के थमते ही कैनवास पर एक काले रंग का धब्बा–सा बन गया। धब्बा बड़ा होता जा रहा है। श्रुति ने उस पर सफेद रंग पोतने की कोशिश की, पर पेंटिंग बिगड़ती जा रही है।

पापा के आने के बाद घर में टेंशन बढ़ गयी। पापा ने श्रुति को लगभग

डाँट दिया है, तूने कहा तुझे अरविन्द से शादी करनी है। ठीक! हो रही है न? अब क्या प्रॉब्लम है? आराम से क्यों नहीं रहती? इति को देख, सँभल गयी न?

श्रुति ने लाचारी से पापा की तरफ़ देखा। पापा दी से उसकी तुलना क्यों कर रहे हैं। कमल अंकल भी हैं। उन्होंने भी अपनी तरफ़ से जोड़ा, 'बेटे, तुम इतना क्यों सोच रही हो? पापा ख़र्च कर रहे हैं। उनका मन है। मैं जानता हूँ, तू अच्छी बच्ची है। सबसे सोणी। हमारा भी तो फ़र्ज़ बनता है न बेटी।'

पापा चाहते हैं कि वह और अरविन्द हनीमून पर स्विट्ज़रलैंड जायें। उसका पासपोर्ट बनने दे दिया है। पापा ने कहा, 'इति अपना पासपोर्ट भी बनवा ले। अगली बार कहीं फॉरेन जाऊँगा, तो तुझे भी ले चलूँगा।'

मम्मीजी ने तड़का मारा, 'क्यों भई, मैं क्या गंगा में बहकर आयी हूँ? हद है। अपनी वाइफ़ की परवाह नहीं है इन्हें।'

कमल अंकल होहो हँसते हुए बोले, 'आपके लिए तो भाभी जी, कह रहे थे थाईलैंड लेकर जायेंगे।'

'वहाँ मुझे क्यों लेकर जायेंगे! अकेले ही भले। मेरे साथ रहने पर कहाँ करवा पायेंगे थाई मसाज...'

पूरी फ़ैमिली एक साथ हँसी–मज़ाक़ कर रही है। आने वाली शादी को लेकर सबमें उत्साह है। बस जिसकी शादी है, उसे लग रहा है कि कब महफ़िल उठे और वह बालकनी में जाकर अपनी कूची पकड़े।

उस दिन रात को कमल अंकल के जाने के बाद एक भयंकर बात हुई। शायद इस बात की आशंका श्रुति को थी, एक न एक दिन तो होना ही था।

इति सबके लिए मिल्क शेक बना लायी। डाइनिंग रूम में पूरी फ़ैमिली एक साथ।

इति ने पापा की तरफ़ देखकर पूछा, 'पापा, श्रुति की शादी में आप कितना बजट रख रहे हैं?'

पापा थोड़ा चौंके, 'क्यों बेटा, कुछ हो गया क्या?'

'नहीं पापा, बस ऐसे ही जानना चाहते हैं।'

'कुछ तय नहीं किया। तुम बताओ, वेडिंग प्लानर क्या कह रहा है?'

'उसे तो आपको बजट देना होगा न?'

'तू बता? एक करोड़ ठीक रहेगा?'

इति चुप रही।

मम्मी ने कहा, 'तीस–पैंतीस में तो आजकल गली–मोहल्ले की शादियाँ होती हैं। एक तो पकड़कर चलो। इससे ज़्यादा ही होगा।'

श्रुति इस बात का जैसे हिस्सा नहीं थी।

इति ने सँभलकर कहा, 'पापा, आपसे एक बात कहूँ...आप अपनी विल बना दीजिए। मुझे आपने अब तक कुछ दिया नहीं है। मैं भी तो हक़दार हूँ।'

पापा गड़बड़ा गये। इति के मुँह से यह सुनने की उम्मीद नहीं थी, 'क्या हुआ इति? अचानक पैसे की बात करने लगी? किसी चीज़ की कमी रखी है क्या मैंने?'

'अपने अन्दर झाँककर देखिए पापा। मुझे क्या दिया है आपने? लोन चुकाने के लिए जो चार लाख रुपये दिये थे, वह भी रोने–रुलाने के बाद। आप इतना फ़र्क़ कैसे कर सकते हैं दोनों बेटियों में?'

पापा का चेहरा लाल हो गया। मम्मी फक्क रह गयीं। क्या कह गयी इति?

श्रुति को उस समय लगा कि वहाँ उसकी ज़रूरत नहीं है। वह उठने लगी, पापा ने उसका हाथ पकड़कर बैठा लिया।

पापा देर तक कुछ सोचते रहे, फिर बोले, 'अच्छा, मुझे सोचने का वक़्त दो।'

फिर श्रुति की तरफ़ देखा, 'बेटी, तुझे भी कुछ चाहिए क्या?'

श्रुति ने नहीं में सिर हिलाया और वहाँ से उठ गयी।

इति भी वहाँ से चली गयी।

मम्मी और पापा देर तक डाइनिंग टेबल पर ही बैठे रहे। टेबल लैम्प से छनकर आती मद्धम रोशनी भी ज्यों उन्हें चुभ–सी रही थी। दोनों कुछ बोल नहीं रहे थे, पर दोनों को पता था कि गाड़ी में ग़लत गियर लग गया है।

बहुत सोचकर श्रुति ने गौरव को मैसेज किया, जीजू, आप सो तो नहीं गये। बात हो सकती है।

तुरन्त गौरव का फ़ोन आ गया, 'क्या बात हो गयी साली साहिबा। इतनी रात गये? सोयी नहीं? डेढ़ बज रहे हैं।'

'जीजू, क्या बिना कोई सवाल किये आप मुझे मुम्बई में कुछ दिन रहने देंगे?'

'ऐं! आपकी शादी है न एक महीने बाद? इति बता रही थी कि जम कर तैयारियाँ चल रही हैं। क्या हो गया बच्ची? आई.ए.एस. ने फिर से कोई काण्ड कर दिया?'

'नो। बाक़ी सब ठीक है। मेरे अलावा। जो हो रहा है, मुझे पसन्द नहीं आ रहा। हर समय गले में कुछ अटका–सा रहता है। बस, अच्छा नहीं लग रहा कहीं भी।'

'तो क्या करने की सोच रही हैं?'

'यहाँ से कहीं दूर जाना चाहती हूँ। मन तो कर रहा है कि अकेली कश्मीर चली जाऊँ।'

'कश्मीर! क्यों? वहाँ तो कल ही इतना बड़ा टेररिस्ट अटैक हुआ है।'

'जीजू, मुम्बई, दिल्ली में भी तो होते रहते हैं।'

'हमम्म...'

'फिर...क्या सोचा है?'

'वही तो नहीं कर पा रहे हैं। नींद नहीं आ रही। मैं तब से बालकनी में बैठी हूँ। मन तो कर रहा है अभी कहीं निकल जाऊँ।'

'ऐसा मत करना। हमें बताइए, आपकी रियल में प्रॉब्लम क्या है?'

'आप सुनकर नाराज़ तो नहीं होंगे न? आज अभी लग रहा है, मुझे शादी नहीं करनी चाहिए। मुझे डर लग रहा है। कमिटमेंट से, अरविन्द से, उनकी फ़ैमिली से। अपनी फ़ैमिली से भी। पता नहीं जीजू, अरविन्द को लाइफ़ में दोबारा लाकर सही किया कि ग़लत। मैंने बहुत सोचकर देखा जीजू, मैं जैसी लाइफ़ चाहती हूँ, जैसी मैरिज चाहती हूँ, वह कोई नहीं होने दे रहा। अरविन्द भी नहीं। क्या दूसरों से अलग सोचना ग़लत है? आइ एम इन डीप ट्रबल।'

'अरे, ऐसा कैसे हो गया?'

'पता नहीं जीजू...मुझे लग रहा है मैं अरविन्द के पीछे नहीं बस एक इमेज के पीछे भाग रही थी, पाना चाह रही थी। अब फ़ील कर रही हूँ, मैं ऐसी लाइफ़ नहीं जीना चाहती, मिसेज़ अरविन्द बनकर। आर्टिफ़िशियल सा है सब कुछ। मैं शायद अभी इमैच्योर हूँ।'

'तो पापा जी को साफ़–साफ़ बता क्यों नहीं देती?'

'जीजू, पहले ही बहुत तमाशा बना चुकी हूँ शादी को लेकर। पापा तो वैसे ही मुझसे बहुत दुखी हैं।'

'एक काम कीजिएगा...कल सुबह तक सोच लीजिए। थोड़ा माथे को ठण्डा रखेंगी न, तब ढंग से कोई सॉल्यूशन भी निकाल पायेंगी। बस प्रॉमिस कीजिए कि आप कोई ऐसा–वैसा स्टेप नहीं लेंगी।'

'मैं कहाँ इस क़ाबिल हूँ जीजू? ऐसा–वैसा स्टेप लेने के लिए तो बहुत करेज चाहिए। मुझमें कहाँ है?'

'अच्छा, गुड गर्ल की तरह सो जाइए। सुबह बात करेंगे। हम करेंगे फ़ोन आपको। ठीक।'

फ़ोन रखने के बाद देर तक सोचती रही श्रुति। इस बार गर्मियाँ कितनी जल्दी पड़ने लगी हैं। अप्रैल का महीना अभी आया नहीं है। रात को पसीने आ रहे हैं।

बालकनी का दरवाज़ा बन्द कर दिया। फ्रिज़ से निकाल कर ठण्डा पानी पिया। घर के चप्पल बदलकर नाइटी के ऊपर स्टोल डालकर जैसे ही उसने मेन डोर खोला, कुर्सी पर ऊँघता–सा बैठा गार्ड उछलकर खड़ा हो गया, 'मैडम, कहीं जाना है?'

'श्शश आराम से। तुम सो जाओ। मैं बस बाहर वॉकिंग के लिए जा रही हूँ।'

'इस बकत मैडम। हम आपको अलाऊ नहीं कर सकते।'

'तुमसे परमिशन कौन माँग रहा है? अपनी कुर्सी बीच से हटाओ।' पता नहीं कैसे श्रुति की आवाज़ में इतना कमांड आ गया।

गार्ड ने थोड़ा–सा हल्ला किया फिर चतुराई से घर का कॉलिंग बेल बजा दिया।

मिनटों में घर की बत्ती जल गयी। श्रुति गार्ड की कुर्सी लाँघकर बस सीढ़ी पर क़दम रख ही रही थी कि पापा दरवाज़ा खोलकर खड़े हो गये।

उनके पीछे मम्मी थी और मम्मी के पीछे इति।

'क्या करने जा रही थी?'

'कुछ नहीं पापा। नींद नहीं आ रही थी। बोरियत लग रही थी, सोचा बाहर वॉक कर आऊँ।'

'इस टाइम। रात के ढाई बजे।'

'इतना सोचा नहीं...'

'कब सोचोगी?'

'सॉरी पापा। कुछ बेचैनी–सी थी सो...'

'कोई तो बात है श्रुति। कुछ छिपा रही हो हमसे। कोई बाहर खड़ा है तुम्हारे लिए? किसी से मिलने जा रही थीं?'

'नो पापा। ऐसा कुछ नहीं है।'

'अपना मोबाइल फ़ोन दिखाओ?'

'जी...'

'फ़ोन लाओ। इति, देखो ज़रा लास्ट कॉल किसको किया है?'

श्रुति के चेहरे पर अजीब से भाव आये और उससे ज़्यादा इति के चेहरे पर।

'श्रुति, तूने गौरव को फ़ोन किया? क्यों? उससे मिलने जा रही थी तू।'

'नहीं दी। जीजू के पास कैसे जा सकती हूँ, वह तो मुम्बई में है।'

पापा की आवाज़ आयी, 'इति अपने हस्बैंड को फ़ोन लगाकर पूछ।'

इति श्रुति का फ़ोन उठाकर अन्दर चली गयी। दस मिनट बाद आयीं, कुछ रुककर कहना शुरू किया, 'पापा, गौरव से बात हुई है। श्रुति ने एक घण्टा पहले उसे फ़ोन किया था। कह रही थी मुम्बई आना चाहती है, शादी नहीं करना चाहती। शी नीड्स हैल्प।'

जीजू से इतना भी न हुआ कि इति को यह सब न बताते। पर जब ख़ुद कठघरे में खड़े कर दिये जायेंगे तो क्या करेंगे?

श्रुति चुप रही। बस दिल ज़ोरों से धड़कने लगा था। पता नहीं सब उसके बारे में क्या सोच रहे थे?

पापा ने गम्भीर आवाज़ में सवाल किया, 'श्रुति, क्या प्रॉब्लम है? जो है, खुलकर बताओ।'

'पापा,' अचानक श्रुति रुआँसी हो गयी, 'आइ एम सो कन्फ़्यूज्ड। मुझे कुछ भी अच्छा नहीं लग रहा। शादी से डर लग रहा है।'

पापा के चेहरे पर हल्की–सी स्माइल आयी, 'सबको लगता है बेटे। बहुत चीज़ों से डर लगता है। पर हम डरकर घर नहीं बैठ जाते।'

श्रुति ने सिर झुका लिया।

'जी पापा।'

'श्रुति,' पापा ने कुछ ज़ोर देकर कहा, 'देखो बेटा, मैंने तुम दोनों पर कभी कोई रोक–टोक नहीं लगायी। मेरे लिए बेटी–बेटा एक से हैं। कभी शिकायत नहीं की। आज कुछ देने की बारी तुम्हारी है। क्या मैं उम्मीद कर सकता हूँ कि आज के बाद तुम ऐसी कोई बेवकूफ़ाना हरकत नहीं करोगी?'

श्रुति ने नहीं में सिर हिलाया। पर उसकी आँखें भर आयीं। उसने आँसुओं को दबाने की कोशिश की।

मम्मी ने इतनी देर से पहली बार मुँह खोलकर कहा, 'इति चाय बना ला। अब क्या सोने जायेंगे?'

पापा ने मम्मी की तरफ़ देखकर कहा, 'मैं कल से बाहर हूँ। मुझे मेरी एब्सेंस में कोई ड्रामा नहीं चाहिए। सँभालो श्रुति को। फटाफट शादी करो इसकी और दफा करो।'

अचानक श्रुति का रोना बढ़ गया। पर किसी ने ध्यान नहीं दिया। पापा उठकर सोने चले गये। मम्मी सोफ़े पर पैर फैलाकर बैठ गयीं। बस अन्दर किचन से खटर–पटर की आवाज़ आती रही।

श्रुति वेड्स अरविन्द

शादी का कार्ड आ गया।

जम कर शॉपिंग शुरू हो गयी।

घर में चौबीसों घण्टे हलचल।

ड्राइंग रूम में नया फ़र्नीचर।

एलजी का साइड बाय साइड, बड़े से भी बड़ा वाला फ्रिज़।

मम्मी के पर्स का साइज़ फूल रहा है।

इति के जूतों की हाइट भी...

कल रात श्रुति एक और सुनामी से गुज़री है। दसेक बजे उसके मोबाइल पर एक मैसेज आया है, हाय श्रुति, *नीड टु टाक टु यू वेन शुड आइ कॉल यू इट्स अर्जेंट!*

श्रुति ने जवाब में लिखा–*हू आर यू? वॉट इज़ द मैटर?*

दो सेकेंड में रिप्लाई आ गया–*यू डोंट नो मी। आइ सपोज। नीड टु सी यू एएसएपी।*

श्रुति ने लिखा–*टेल मी योर नेम।*

जवाब आया– *एलिज़ाबेथ। फ्रेंड्स कॉल मी लिज़।*

श्रुति सन्न रह गयी। लिखा–*आर यू अरविन्द्स एक्स गर्ल फ्रेंड?*

जवाब आया–*आइ डोंट नो अबाउट एक्स–वाय–जेड। बट यस, आइ एम द सेम।*

श्रुति फ़ोन लेकर बालकनी में चली गयी और उस नम्बर पर कॉल कर लिया।

लिज़ ने भी फ़ौरन उठा लिया।

श्रुति ने छूटते ही पूछा, 'तुम्हें मेरा नम्बर कहाँ से मिला? चाहती क्या हो?'

लिज़ की हँसी की आवाज़ आयी, 'मिलोगी मुझसे?'

'क्यों? कुछ बताने वाली हो क्या! आइ मीन कोई राज। कोई पर्दाफ़ाश?'

लिज़ फिर हँसी, 'क्या पता? दिल्ली आयी थी, सोचा तुमसे मिल लूँ। तुम्हें कुछ गिफ़्ट दे दूँ?'

'हूँ। ठीक है। कब मिलें?'

'कल। कनॉट प्लेस। इनर सर्कल। ई ब्लॉक। जेन रेस्तराँ। वेंगर्स के पास है।'

'आइ नो। मैं दो बजे से पहले नहीं आ सकती।'

'डन। टू ओ क्लॉक देन।'

श्रुति को अजीब-सा एक्साइटमेंट हो आया। ऐसा क्या बतायेगी लिज़? क्या अरविन्द को पता है कि वह शहर में है? कैसे मिला होगा उसे मेरा नम्बर?

दोपहर को घर से निकलने में कोई दिक़्क़त नहीं हुई। लहँगे की ट्रायल थी। दिलशाद साथ में था। बस अब हमेशा की तरह जीन्स और टी-शर्ट में निकलने में दिक़्क़त थी। मम्मी टोक देती थीं। कहीं से तो ब्राइड लग। इतने सारे सूट हैं। पहनकर ख़त्म कर।

ज़ेन में ठीक-सी भीड़ थी। अधिकांश टेबल पर एक से ज़्यादा लोग थे। एक लड़की ...को देखा तो ऐसा लगा...जैसे...पहचान हो कोई पुरानी।

लिज़। लम्बी, साँवली, सुडौल, तीखा चेहरा, कन्धे तक कटे घुँघराले बाल, चमकीली आँखें।

कोई तो बात है इसमें। श्रुति आगे बढ़ी। लिज़ भी उठ गयी। दोनों ऐसे गले मिलीं, जैसे हॉस्टल में साथ रही हों।

लिज़ मुस्करायी, 'श्रुति, यू आर सो प्रेटी। '

'यही मैं सोच रही थी। यू आर... वेरी अट्रैक्टिव।'

लिज़ दिल खोलकर हँसी, 'पर यह काम तो नहीं आया न।'

दोनों आमने-सामने बैठ गयीं।

लिज़ ने बात शुरू की, 'मैंने अपने लिए चिकन वॉनटान सूप मँगवाया है। वॉट एबाउट यू?'

'हॉट एंड सॉर, वेज...'

लिज़ ने वेटर की तरफ़ इशारा किया। सूप का ऑर्डर देने के बाद लिज़ ने अचानक श्रुति का राइट हैंड अपने हाथों में ले लिया, 'यू आर ए नाइस पर्सन। और कोई होता, तो शायद नहीं आता...'

'थैंक्स। मेरा नम्बर तुम्हें किसने दिया? अरविन्द ने तो नहीं दिया होगा?'

लिज़ ने उसे घूरकर देखा, 'और कौन देगा?'

'लेकिन क्यों?'

'वह चाहता है कि मैं तुमसे मिलूँ। तुम्हारी शादी में तो मैं आऊँगी नहीं, सो...'

श्रुति ने कहा, 'तुम अगर मुझे फ़ोन कर सकती हो, तो शादी में भी आ सकती हो। हू इज़ स्टॉपिंग यू?'

'तुम्हारी मदर इन लॉ को हार्ट अटैक आ जायेगा। जोक्स अपार्ट... मैं लास्ट मंथ अमेरिका से इंडिया आ गयी। मेरा प्रोजेक्ट है यहाँ। गुड़गाँव में रहती हूँ। मुझे पता नहीं था अरविन्द की शादी के बारे में। लास्ट टाइम जब बात हुई थी तो उसने बताया कि उसकी इंगेजमेंट ऑफ़ हो गयी है। ऐसा नहीं है कि मैं उससे कुछ उम्मीद कर रही हूँ। पर हाँ, हम अभी भी टच में हैं। कभी–कभी फ़ोन पर बात कर लेते हैं। तुम्हें इससे प्रॉब्लम तो नहीं होगी?'

'नो। ऐसा लगता तो नहीं है। अरविन्द ने कुछ कहा तुमसे?'

'अरे नहीं। वह तो अभी से अलग लैंग्वेज़ में बोलने लगा है। ही इज़ ए गुड मैन। अलग है।'

'जैसे?'

'कैसे समझाऊँ? जब तक हम रिलेशनशिप में थे, उसने कभी मेरी डिसरिस्पेक्ट नहीं की। अच्छा लगता था उसके साथ।'

'उसने आइडिया दिया था कि तुम्हें मुझसे मिलना चाहिए।'

'हम्म...ऐसा ही समझ लो। मैं भी मिलना चाहती थी।'

'तुम कुछ बताना चाहती थी, शेयर करना चाहती थीं?'

'एनी गेस?'

'हाँ, ख़याल आया था। बहुत ही वाइल्ड। तुम दोनों का कोई बच्चा है, कहीं...'

लिज़ हँसने लगी, 'लगता है, बहुत सीरियल्स देखती हो। इतना भयानक या ड्रामेटिक कुछ भी नहीं है।'

श्रुति भी हँसने लगी, 'सो बोरिंग...'

'यस। तुम्हारे लिए कुछ लायी हूँ, देखोगी?'

अपने पर्स से लिज़ ने एक डिब्बा निकाला, श्रुति के हाथ में दे दिया। गिफ़्ट रैप्ड।

श्रुति ने खोलना शुरू किया। गोल्डन कलर में टिस्सो की घड़ी।

श्रुति की आँखों की चमक देखकर लिज़ समझ गयी कि उसे इस ब्रांड के बारे में पता है।

'और कुछ...'

'बस। इतना ही।'

'तुम मुझसे नाराज़ नहीं हो? तुम्हारा ब्वॉयफ्रेंड मुझसे शादी कर रहा है?'

'तुमसे नहीं...उससे हूँ।' लिज़ का चेहरा गम्भीर हो गया। 'मैंने सोच कर देखा। अरविन्द की फ़ैमिली मुझे कभी एक्सेप्ट नहीं करती। मैं बहुत साधारण फ़ैमिली से हूँ। वी डोंट हैव दैट काइंड ऑफ़ वेल्थ। अरविन्द को लाइफ़ लॉन्ग लड़ना पड़ता।'

'तुम कब करोगी... शादी?'

'डोंट नो। कर लूँगी। ज़रूरी लगे तो। तुम्हें प्रॉब्लम होगी क्या अगर मैं तुम्हारे हस्बैंड को कभी–कभार माँग लूँ?'

'माँग लूँ मीन्स वॉट?'

'डोंट बी सो नाइव।'

'यू मीन, तुम सेक्सुअल रिलेशनशिप रखना चाहती हो अरविन्द के साथ?'

लिज़ ज़ोर से हँसने लगी, 'तुम सच में चाइल्ड लाइक हो।'

श्रुति अब थोड़ा गम्भीर हो गयी, 'मैं तुमसे कुछ शेयर करना चाहती हूँ लिज़। तुम पूरा का पूरा अरविन्द को रख लो। मैं कुछ टाइम के बाद अरविन्द को डिवोर्स दे दूँगी। यू कीप हिम...'

लिज़ का मुँह खुला का खुला रह गया।

श्रुति का फ़ोन लगातार बज रहा था। इति का फ़ोन था, 'सिस कहाँ हो? क्या तुम पाँच बजे एयरपोर्ट जा सकती हो? गौरव आ रहा है। जेट की फ्लाइट से। उसे पिक कर लोगी?'

'नो प्रॉब्लम दी। मैं चली जाऊँगी। कहाँ लाना है जीजू को? घर।'

'नहीं। लाजपत नगर में जिकासो इन में। कमरा बुक है उसके नाम।'

'ओके।'

सूप पीकर श्रुति उठ गयी। लिज़ अभी भी हक्का–बक्का थी। श्रुति

उसके गले लगकर फुसफुसाती हुई बोली, 'फ्रेंड, यह हम दोनों के बीच का सीक्रेट है। प्लीज़ डोंट शेयर विद एनिवन। और हाँ, शादी में ज़रूर आना। मज़ा आयेगा।'

श्रुति आगे बढ़ गयी। बहुत मन हुआ कि पीछे मुड़कर लिज़ का चेहरा देखे। क्या एक्सप्रेशन होंगे? सरप्राइज़? पज़ल्ड? क्वेश्चन मार्क?

श्रुति के फेस पर एक बहुत ही इंटरेस्टिंग–सी स्माइल आयी...लिज़ ज़रूर उसे ही देख रही होगी। क्या वह यह बात अरविन्द को बतायेगी? बता दे, क्या फ़र्क़ पड़ता है? उसने तो काण्ड कर दिया। ऐसा कुछ कितने दिनों से करने का मन था। अगर अरविन्द को लिज़ ने नहीं बताया तो कभी मौक़ा लगे तो वह ख़ुद यह क़िस्सा अरविन्द को ज़रूर बतायेगी, हँसती हुई, ठहाके लगाती हुई...

श्रुति वेड्स अरविन्द

राजधानी के पॉश अशोक रोड में पापा के दोस्त एम.पी. का बंगला। कुछ देर पहले ही जयमाल हो चुका है। श्रुति और अरविन्द स्टेज पर बैठे हैं। सामने गेस्ट की लम्बी क़तार। हाथों में गिफ़्ट और लिफ़ाफ़े लिए ब्राइड एंड ग्रूम से मिलने को आतुर।

गर्मी वाली शादी। हर तरफ़ कूलर चल रहा है, फिर भी सब पसीना–पसीना हो रहे हैं।

पीकॉक कलर के रितु कुमार के लहँगे में इति बेहद ख़ूबसूरत लग रही है। उसके बिल्कुल पीछे गौरव, डार्क ग्रे सूट में। पापा ने धोती और कुर्ता पहन रखा है। मम्मी वायलेट बनारसी साड़ी में लकदक कर रही हैं।

पापा ने अचानक हाथ बढ़ाकर गौरव को अपने पास खींचकर उसके कान में कुछ कहा है। दोनों हँस रहे हैं।

पापा ख़ुश हैं, इति ख़ुश है, गौरव ख़ुश हैं। मम्मी बता रही थीं कि गौरव वापस आ रहा है मुम्बई से। यहीं रहेगा दिल्ली में सबके साथ। पापा कोई नया बिज़नेस शुरू कर रहे हैं इति के नाम से। गौरव सँभालेगा।

वाह!

मानना पड़ेगा, एंड ऑफ़ द डे, पापा ने सब ठीक कर लिया! बड़ी बेटी का हस्बैंड बिज़नेसमैन, छोटी का आई.ए.एस.।

गौरव : काण्ड पे काण्ड, हो गया झण्डू बाम

गौरव एक हाथ में बियर और दूसरे हाथ में वोदका का गिलास लेकर सावधानी से चल इति के पास आया और उसके सामने गिलास रखते हुए बोला, 'लीजिए मैडम। फौरन खाली कीजिए। पापाजी कभी भी बुला सकते हैं।'

'पापा बिज़ी हैं। आराम से पीने दो यार। थक गये हैं। तुम लार्ज बनाकर लाये हो न?'

गौरव ने सिर हिलाया। इस वक्त लगभग सभी गेस्ट खाने के काउंटर पर पहुँच चुके थे।

पापा के दोस्त और कलीग मिनिस्टरों की टोली आकर जा चुकी थी। बहन जी को आना था, पर लास्ट मोमेंट में लखनऊ में कोई काम आ गया। उनका पी.एस. ज़रूर हाथों में बड़ा–सा बुके और गिफ़्ट थामे पहुँच गया और पापा से देर तक बातें करता रहा। स्टेज पर जाकर न्यूली वेड्स के साथ ख़ूब फ़ोटो भी खिंचवाया।

उसके जाने के बाद सब रिलैक्स्ड हो गये।

श्रुति और अरविन्द अभी भी स्टेज पर ही थे। फ़ोटो सेशन चल रहा था, ऐल्बम और मूवी के लिए।

वेडिंग प्लानर चालीस मिनट की मूवी भी बनाकर दे रहा था।

'कहाँ से पकड़कर ले आयी हो भई वेडिंग प्लानर को? लगता है इन दोनों को हीरो–हीरोइन बनवाकर ही छोड़ेंगे।'

अचानक इति ने पूछा, 'गौरव, तुम्हें अफ़सोस हो रहा है क्या?'

'किस बात का भई?'

'हमारी शादी ऐसी नहीं हुई?'

'हम्म...इति, तुमको पता है न ये तामझाम, ये सोसेबाजी, हम झेल नहीं पाते।'

'देखो गौरव, अब तुम यह मत कह देना कि स्विट्ज़रलैंड जाना भी शोशेबाज़ी है।'

'वही तो। तुमने हमें कहने का मौका ही कहाँ दिया? पहली बात तो हमको ये समझ ही नहीं आ रहा कि बहन की शादी में तुमको काहे हनीमून की सूझी है? अरे, उनको जाने दो न।'

'डोंट बी सिली। श्रुति और अरविन्द जा रहे हैं न। पापा को लगता है हमें भी जाना चाहिए। इनफैक्ट बुकिंग दो कपल के लिए किया है, तो इसमें दिक़्क़त क्या है? हम भी कहीं घूमने नहीं गये शादी के बाद...'

'इति जी, जो आपका हुक्म। यही बजाने को बैठे हैं हम। पर सुन लीजिए। हमें ठीक नहीं लग रहा। अरविन्द जी से भी पूछ लिए हैं न?'

इति खीज गयी, 'तुम्हें क्यों तकलीफ़ हो रही है?'

गौरव कहते–कहते रह गया, अरविन्द को पता चल गया है कि उसका बाजा बजाने वाला और कोई नहीं...सोचते–सोचते ही गौरव के चेहरे पर बड़ी वाली स्माइल आ गयी।

अहमद मामू...

यूनिवर्सिटी में कम मारा–मारी की है क्या? अरविन्द जैसे गुड ब्वॉय तो उन नेता टाइप लड़कों से बच कर चलते थे।

गौरव की निगाह स्टेज पर गयी। श्रुति उसकी तरफ़ देख रही थी, लगातार। समझ आ रहा था वह नहीं करना चाहती ये सब।

ये तम्बू पहनकर घण्टों स्टेज पर बेबी डॉल बनी खड़ी रहना...

हैप्पी–हैप्पी दिखते हुए सबसे नमस्ते कहना, हाथ मिलाना...

गिफ़्ट और लिफ़ाफ़े हाथ में लिए सबके साथ पोज़ मारना...

सबसे ज़रूरी...अपनी शादी को घण्टा एंजॉय करना...

गौरव ने धीरे–से इति को टोका, 'ज़रा अपनी सिस्टर का हालचाल तो पूछ लीजिए। कुछ खाना–वाना खिला दीजिए...'

इति ने कुछ सोचकर हाँ में सिर हिलाया, एक झटके में जाम ख़त्म किया और स्टेज की तरफ़ बढ़ गयी।

एक बात अजीब लगी गौरव को। विदाई के समय श्रुति ज़रा भी नहीं रोयी। मम्मीजी, पापाजी, इति, यहाँ तक कि वह भी रोने लगा।

सुबह–सुबह, इन्वीटेशन कार्ड की लैंग्वेज़ में, तारों की छाँह में श्रुति मर्सिडीज़ में बैठकर सबको टाटा करके चली गयी।

उसके जाने के बाद मम्मी ने सबसे पहले इति से पूछा, 'श्रुति ठीक है न?'

'हाँ मम्मी। क्या हुआ?'

'ज़रा भी नहीं रोयी!'

'अपनी पसन्द से शादी की है मम्मीजी, एक्साइटेड होगी...'

'फिर भी...' मम्मी अभी भी डाउट में लग रही थीं।

हनीमून

हनी, चलो चलें मून पर।

मून–मून, ये भी कोई जाने की जगह है?

जब जाने की ठानकर आ ही गये हैं तो बचुआ एंजॉय करो ना...

गौरव उठ गया था सुबह–सुबह। होटल के कमरे में इलेक्ट्रिक केटल था, चाय बना लिया। कप लेकर खिड़की के पास आकर बैठ गया। क्या नज़ारा था। दूर तक हरियाली। एकदम झक्क वाले पहाड़। बीच में हरियाता–सा झील। झील किनारे सुन्दर–सी सड़क। इतनी सुबह लोग वॉक कर रहे हैं, साइकिल चला रहे हैं, मटरगश्ती कर रहे हैं। इसी होटल में श्रुति और अरविन्द भी ठहरे थे।

होटल ब्रिस्टल।

दो दिन पहले पहुँचे थे जिनेवा के इस शानदार से होटल में। होटल में चेक इन करते–करते रात हो गयी।

गौरव का मन था, रात को जिनेवा घूमने का। अरविन्द ने कहा, वह थका हुआ है आराम करना चाहता है। इति ने ज़ोर से गौरव की पीठ पर मुक्का मारा और फुसफुसाते हुए कहा, 'क्यों डिस्टर्ब कर रहो हो? हनीमूनर कपल हैं!'

गौरव हक्का–बक्का सा रह गया। ये सब चीज़ उसके पल्ले कम पड़ती थी। हनीमून पर आये हैं तो क्या चौबीसों घण्टे वही करेंगे क्या? अरे, नयी जगह आये हैं, वह भी फॉरेन कंट्री, घूमेंगे–फिरेंगे नहीं तो क्या खाक किया...

गौरव को यह तो समझ आ ही रहा था कि अरविन्द हल्की–सी दूरी

बरत कर चल रहा है। वही, क्लास वाली बात। नाप–तौल कर बोलना, इति को दीदी कहना और गौरव को कुछ न कहना।

श्रुति का अलग हिसाब था। एयरपोर्ट पर अरविन्द के साथ अलग बैठने के बजाय वह हर समय उन दोनों के साथ लगी रही।

दोनों बहनें पहली बार विदेश जा रही थीं, दोनों ख़ासी एक्साइटेड थीं। श्रुति ने दिल्ली एयरपोर्ट पर गौरव को घेर लिया, 'जीजू, मुझे जिनेवा के सारे आर्ट म्यूज़ियम देखने हैं। पूरी लिस्ट बनाकर लायी हूँ।' इति म्यूज़ियम हॉपिंग की जगह फ़ैशन की गलियों में भटकने को उत्सुक लग रही थी। एयरपोर्ट ज़रूर श्रुति रेशम की अनारकली, हाथों में भर–भर चूड़ा और गले में मंगलसूत्र पहनकर आयी थी, पर अन्दर आकर चेक इन से पहले वह जीन्स और टी–शर्ट में आ गयी। सप्ताह भर पहले शादी की लगभग सारी निशानी बैग में भरकर वह पीठ पर बैग पैक लिए लाला गाती हुई जब वॉशरूम से निकली तो गौरव हँसने लगा, 'इति, तुम्हारी सिस्टर तो एकदम स्कूल स्टूडेंट लग रही है।'

इति ने धीरे–से कहा, 'ये सब कर लेने दो इसे। इसके इनलॉज तो बड़े टिपिकल वाले हैं। जीन्स–वीन्स अलाऊ नहीं करेंगे।'

इनलॉज, कहाँ से आते हैं? किस लॉज में रहते हैं? लाज–शरम है कि नहीं?

एयरक्राफ्ट में गौरव इन्तज़ार कर रहा था कि कब लिकर सर्व हो। इंटरनेशनल फ़्लाइट है, पूरा लुत्फ़ न लिया तो काहे दिया इतना पैसा? कुरकुरे काजू खाते हुए और बियर पीते हुए उसके दिमाग़ में यही ख़याल आया–

मियाँ गौरव, तुम तो लेफ्टिस्ट ठहरे और यहाँ कैपिटलिस्ट की गोद में बैठकर इठला रहे हो।

गौरव ने किसी तरह इति को पटा लिया कि होटल में आते ही सोने का प्रोग्राम न करके, ज़रा इधर–उधर घूमा जाये।

सुहाना मौसम। टहलते–टहलते दोनों दूर निकल आये। गौरव ने पता किया, सड़क की दूसरी तरफ़ एक जैज़ कैफ़े है, जो देर रात तक खुला रहता है। गौरव ने साथ में इंग्लिश–टु–फ्रेंच डिक्शनरी रखी थी। थोड़ी–बहुत फ्रेंच इति को आती थी।

दोनों जैज़ कैफ़े में घुस गये। मस्त वाला क्राउड था। युवा। मनमौजी कपड़ों में। इधर–उधर टैटू।

काउंटर पर पहुँचकर गौरव कुछ चिल्लाकर बोला, 'दोनो माई डॉक्स ओवर्स..'

पीछे से आती इति ने उसे ठेल कर पीछे किया और कुछ इतराती हुई बोली, 'प्लीज़, दू बियक सी वू प्ले'

उसके हाथ में फ़ौरन बियर की दो बोतलें आ गयीं।

दोनों हाथों में बियर लेकर भीड़ के बीच जाकर नाचने लगे।

गौरव को मज़ा आ रहा था। गोरी–गोरी छोरियाँ, (छोरे भी...) काले–पीले–नीले टैटू, कम–से–कम कपड़े, ज़्यादा–से–ज़्यादा ज़िन्दगी। नाच रहे हैं, कूद रहे हैं, खा रहे हैं, पी रहे हैं, हँस रहे हैं, गा रहे हैं, गॉसपिया रहे हैं, जी रहे हैं...

हाय, ये भी है लाइफ़! पैसे का खेला। स्साला कित्ता तो पढ़ते थे फ्रेंच रिवोल्यूशन... लगता था सबै यहाँ क्रान्तिकारी टाइप होंगे। पर देखो, ये जो लाइफ जी रहे हैं यहाँ के यूथ, उसमें दूर–दूर तक रिवोल्यूशन नहीं, यूरो की ठसक की हँसी सुनाई दे रही है। ये है असली वाली जिन्दगी। वह नहीं, जो स्साला झण्डा उठा–उठा कर हम सोचते थे कि जी रहे हैं। सालों बाद पहली बार गौरव को अफ़सोस होने लगा कि वह कनाडा नहीं जा पाया। शादी के समय तो बुआ बुला रही थीं, फिर उनका भी इंटरेस्ट कम हो गया। चला जाता, तो क्या पता, वाया कनाडा यूरोप आ जाता। यहीं का बाशिन्दा हो जाता। इधर–उधर टैटू बनाकर यहीं कहीं दारू की दुकान खोल लेता। ठीक है, दारू नहीं, लिकर। ऐसा ही जैज़ वाला होटल। कितनी अच्छी ज़िन्दगी रहती!

जिनेवा के उस जैज़ कैफ़े में उस दिन गौरव ने तय किया, वह अपनी ज़िन्दगी भरपूर जियेगा, इति के साथ। दोनों हिप्पी की तरह पूरी दुनिया घूमेंगे। जहाँ मन आये रुकेंगे, जब मन होगा, चल पड़ेंगे। उसी समय मन हुआ, चिल्लाकर इति से अपना प्लान शेयर करे। मुँह खोला तो सही उसने, पर बियर पीने के लिए। पहले से इतने लोग इतनी लैंग्वेज़ में इतना कुछ बोल रहे थे कि उसके बोल कहीं बीच में ही रह जाने वाले थे...

तीसरे दिन एक अजीब–सी बात हुई। होटल के रेस्तराँ में गौरव और इति

ब्रेकफास्ट करने पहुँचे ही थे कि नहा–धोकर तैयार, कैप्री और टी–शर्ट में श्रुति अपने बैग पैक के साथ उनके पास पहुँच गयी, 'डूड, आप लोगों का क्या प्लान है? कैन आइ कम विद यू?'

इति थोड़ी उलझन में लगी, 'आर यू श्योर? हमारे साथ। मिस्टर आई.ए.एस. कहाँ गये?'

'उसका कोई स्कूलमेट रहता है जिनेवा में। उससे मिलने जा रहा है। मुझे भी इनवाइट किया। मैं क्या करूँगी वहाँ जाकर? पता है, बोर होना है। बताओ न, कहाँ जा रहे हो?'

'आपको कहाँ जाना है सिस्टर इन लॉ? जहाँ कहेंगी, पीछे–पीछे चल देंगे हम दोनों।' गौरव ने रेड ग्रेप्स का एक पूरा गुच्छा मुँह में डालते हुए कहा–

'ऑसम, फिर आज मैं हूँ आपकी नेविगेटर। फटाफट ब्रेकफास्ट गटकिए और चलिए। मुझे लग रहा है, आप लोग अभी नहाये भी नहीं हो।'

'इसमें क्या है? इस कंट्री में ऐसा कोई रूल तो नहीं न है कि बिना नहाये–धोये आदमी बाहर नहीं जा सकता? बस, पाँच मिनट दीजिए। यह काम तो हमें यहीं करना होगा।' उँगली के इशारे से गौरव ने बताया कि उसे पॉटी आ रही है। इससे पहले कि इति और श्रुति छी कहते, वह वहाँ से खिसक लिया।

श्रुति उछल रही थी, बिल्कुल तीन महीने के पप्पी की तरह। उसके साथ–साथ उसका पोनी टेल भी कुलाँचे भर रहा था। इस समय वह बस स्वीट सिक्सटीन की लग रही थी। पूरी दोपहरी लगाकर सबने जिनेवा का फेमस आर्ट म्यूज़ियम देखा। श्रुति बहुत कुछ नोट करके लायी थी, वह गौरव और इति को ब्रीफ कर रही थी।

जिनेवा की हिस्ट्री बता रही थी, यहाँ के आर्टिस्टों के बारे में। उनकी स्ट्रगल के बारे में।

'तू इतना सब कैसे जानती है सिस?'

'दी, आइ एम एन आर्टिस्ट! मैं शायद लास्ट जन्म में यहीं कहीं पैदा हुई थी। आइ कैन फ़ील दैट इन एयर। ये हवा, ये ख़ुशबू। सबकुछ कितना अपना–सा लग रहा है।' कहते–कहते आगे–आगे दौड़ने लगी श्रुति।

'हम भी, हम भी,' गौरव भी उसके पीछे दौड़ने लगा।

'तुम भी क्या?'

'अरे मैडम सिल्ली! हम भी लास्ट जन्म में यहीं पैदा हुए थे, वह मुटल्ला गोरा देख रही हैं न आप, जो कोने में खड़ा होकर दारू गटक रहा है, हमारा कोई लगता था, इधर कहीं हम दारू की दुकान चलाते थे, मुफ्त में पीकर जाता था स्साला। रुकिए, इस जन्म में उससे उधार वसूल करके आते हैं।' गौरव सच में गोरे की तरफ़ चला गया।

इति पीछे से उसे रोकने लगी, 'गौरव, रुको। तुम्हें ठीक से फ्रेंच क्या इंग्लिश बोलनी भी नहीं आती। क्यों अपनी जान के दुश्मन बने हो?'

इतने में गौरव फिरंगी के पास जाकर न जाने क्या पूछ आया।

लौटा तो इति–श्रुति दोनों ने घेर लिया, 'क्या पट्टी पढ़ा आये गोरे को? हँस रहे थे दोनों?'

गौरव हँसते हुए बोला, 'अरे कुछ नहीं, हम तो छेड़ रहे थे उसे। पूछा, दिलवाले दुल्हनिया ले जायेंगे की शूटिंग कहाँ हुई? इंडियन मूवीज़ के नाम से हँसने लगा स्साला। कमाल है, यश चोपड़ा फ़िल्में बना–बना कर इस कंट्री को मालामाल कर दिये हैं और इनको कौनो कद्र ही नहीं।'

हँसते–खिलखिलाते तीनों ला ताको बार पहुँच गये। श्रुति ने भी उनकी देखा–देखी बियर की बोतल लेकर चुसकना शुरू किया।

तीनों एक ऊँची मेज़ के किनारे जमा थे। सामने दो प्लेट में ख़ूब चीज़ वाला पिज़्ज़ा। लाल–पीले सॉस। श्रुति उन दोनों से तेज़ी से बियर गटक रही थी।

इति ने टोका, 'श्रुति, आई.ए.एस. के साथ सब ठीक है न?'

श्रुति ने सिर हिलाया और झूमती हुई बोली, 'यस, एव्रीथिंग इज़ ऑल राइट।'

'अपने हनीमून पर तू अकेली आ गयी, इस तरह हमारे साथ। बियर पी रही है...'

'तो? वह भी तो गया है अकेले, अपने फ्रेंड से मिलने।'

'और बता...हाउज ही? आइ मीन...'

'सेक्स वाइज? ओके...नथिंग स्पेशल।' श्रुति ने कैजुअली कहा।

इति चौंकी। गौरव सकपकाया। इतनी फ्रैंक कब से हो गयी श्रुति? यूरोप का असर है या बियर का।

'बस, आर्ट–वार्ट में इंटरेस्ट कम है। ठीक है, जेंटलमैन है।' फिर गौरव की तरफ़ देखकर उसने धीरे–से कहा, 'जीजू, वन मोर बियर प्लीज।'

इति ने तुरन्त कहा, 'टेक इट इजी श्रुति। आराम से।'

'क्या दी? आराम करने के लिए तो पूरी ज़िन्दगी पड़ी है। अभी तो तेज़ी से जी लेने दो।'

इति ने इशारा किया, गौरव तीनों के लिए बियर ले आया। दो बियर के बाद तो श्रुति वाकई टिप्सी होने लगी। ज़ुबान लड़खड़ाने लगी, चाल डगमगाने लगी। उसे एक तरफ़ से इति ने दूसरी तरफ़ से गौरव ने पकड़ रखा था।

बार से बाहर आये तो शाम ढल चुकी थी। सड़क पर रंगीनियाँ, रंगीन सड़क। अजीब–सा नशा घुल चुका था आबोहवा में। ये यूरोप की सड़कें भी क्या बियर से नहाती हैं?

होटल की तरफ़ चलने लगे। श्रुति हाथ छुड़ाकर दौड़ना चाहती थी।

गौरव ने कुछ ज़्यादा ही कसकर पकड़ रखा था। इस समय वह दोनों लेडीज़ के प्रति अपनी ज़िम्मेदारी महसूस कर रहा था। बड़ी तो फिर भी सीजंड है, क़ाबू में है, छोटी तितली बन गयी है। उड़ जायेगी, तो हाथ न आयेगी।

तितली उड़ी, लड़की उड़ी...

होटल की लॉबी में अरविन्द मिल गया। अपने फ्रेंड के साथ। श्रुति को इंड्रोड्यूस कराया, माइ वाइफ़।

शायद दोस्त को यकीं न आया। वह बार–बार इति की तरफ़ देख रहा था और गौरव को बस ग़ुस्सा आने को ही था।

फ्रेंड ने इन्वाइट किया, रात को डिनर पर चलते हैं, देयर इज़ एन इंडियन रेस्तराँ।

श्रुति ने कुछ घूरते हुए कहा, 'हू वांट्स टु गो टु एन इंडियन रेस्टोरेंट? आइ वांट टु ईट पिज़्ज़ा, मोर पिज़्ज़ा। वेन इन रोम, बिहेव लाइक अ रोमन।'

अरविन्द ने उसे सँभाला, 'रहने दे यार, सुबह से खा–पी ही तो रहे हैं। वांट सम रेस्ट नाऊ। कल मिलते हैं डिनर पर। यहीं आ जा। गेट योर वाइफ़ टू।'

फ्रेंड टाटा–बाय बाय करते हुए और इति की तरफ़ गन्दे से घूरते हुए निकल लिया। गौरव के मुँह से गाली निकल गयी, 'स्साले भोसड़ी के... हमारी वाइफ़ की तरफ़ ऐसे देख रहा है, जैसे कोई गोलगप्पा हो...'

'ही इज़ माई फ्रेंड!' अरविन्द की आवाज़ रूखी थी।

'सो वॉट? आपकी भी कुछ लगती हैं इति...'

'तुम बेकार बात बढ़ा रहे हो। ऐसा कुछ नहीं था।'

'कमाल करते हो कलेक्टर जी। सबके सामने वह ताड़ रहा था इति को। मुँह से लार टपकने को थी बस... दो मिनट और रुक जाता तो हम मुक्का ही मार चुके थे स्साले को।'

'गौरव, डोंट टाक नॉनसेंस। तुमने पी रखी है। होश खो रहे हो। अपने कमरे में जाओ, बाद में बात करेंगे।'

गौरव कुछ कहने वाला था, कुछ क्या बहुत कुछ। इति ने रोक लिया, खींच लिया लिफ्ट की तरफ़।

दो बातें हुईं। गौरव और अरविन्द के बीच कुछ रिश्ता बनने से पहले ही रह गया, और दोनों ने अपनी–अपनी तरफ़ से तलवार खींच ली।

गौरव बेहद नाराज़ था, 'समझता क्या है अपने आपको? कलेक्टर होगा अपने घर। यहाँ काहे रौब गाँठ रहा है। उल्लू का पट्ठा।' इति ने बहुत समझाया, श्रुति का वास्ता दिया।

गौरव ने तो यहाँ तक कह दिया, 'तुम्हारी बहन तो फँस गयी उसके साथ। तेवर देखिए, कमीना, सूअर का पिल्ला।'

रात भर गौरव रह–रह कर बड़बड़ाता रहा। इति को समझ आ रहा था कि पापा के कहने पर जो साथ हनीमून मनाने आ गये, वह उतना गुड आइडिया भी नहीं था।

बस एक बन्दी थी, जिसे किसी बात से कोई फ़र्क़ नहीं पड़ता था। अगले दिन भी सुबह श्रुति उछलते–कूदते गौरव और इति के कमरे में आ गयी, 'बतायें जीजू, आज कहाँ चलें? रिफॉर्मेशन वॉल देखने चलें?'

इति थोड़ा सीरियस थी, 'श्रुति, बेब, अपने हस्बैंड के साथ जाओ न। उसे अकेला क्यों छोड़ रही हो?'

'दी, अकेला छोड़ना क्या होता है? मैंने पहले ही कह दिया था उसे, मुझे यहाँ–यहाँ विजिट करना है। उसकी प्रायॉरिटी अलग है। मेरी अलग।'

'कमाल है श्रुति, तुम हनीमून पर आयी हो या... अच्छा तुमने बताया उसे कि आज भी तुम हमारे साथ जाना चाहती हो?'

'नहीं। बता दूँगी। ही इज़ स्टिल स्लीपिंग।'

'आज तुम अरविन्द के साथ बाहर जाओ सिस। अच्छा नहीं लगता...'

श्रुति ने सिर झटका, 'ओके। एज यू विश।' वह कमरे से बाहर निकल गयी।

गौरव के हाथ में कॉफ़ी का कप था। वह सोफ़े पर पसरा–सा बैठा था, अचानक उसने कहा, 'इति, हमको लगता है श्रुति कोई बात छिपा रही है। पूछिए तो...'

'तुम जानते नहीं गौरव उसे। वह यहाँ–वहाँ की बहुत नहीं सोचती। डेयरिंग नहीं है वह। पता नहीं, शादी से पहले भी तो कितना काण्ड किया। पर शादी कर भी ली। अरविन्द के बारे में ज़्यादा कुछ तो हम भी नहीं जानते। जेंटलमैन लगता है। हो सकता है सीरियस नेचर का हो...श्रुति बच्ची है, बचपना है या हो सकता है वाक़ई वो और अरविन्द इतने क्लोज हो गये हों कि हर चीज़ डिस्कस कर लेते हों।'

गौरव सिर हिलाता रहा, इसका मतलब हुआ कि नहीं, बात कुछ और ही है।

रात को घूम–घाम कर गौरव और इति जब होटल आये, तो लॉबी में अरविन्द का कल वाला फ्रेंड दिख गया, साथ में काले गाउन में एक लड़की, ज़ाहिर है वाइफ़ होगी। गौरव और इति को देखकर उसने हाथ हिलाया।

इति ने हँसकर हैलो कहा, गौरव लिफ़्ट की तरफ़ आगे बढ़ गया।

कमरे में पहुँचे ही थे कि श्रुति का फ़ोन आ गया, 'जीजू आप और दी नीचे डायनिंग रूम में आइए न। साथ में डिनर करेंगे।'

'साली साहिबा। अपने से इन्वाइट कर रही हो या आपके कलेक्टर साहब ने कहा है?'

'जीजू, यू आर टू मच। उसने अपने फ्रेंड को किया है, मैं आप दोनों को कर रही हूँ।'

'नाइस ऑफ़ यू। तुम एंजॉय करो डिनर। हम बाहर से खाकर आये हैं। कल सुबह की फ़्लाइट है वापसी की। जल्दी उठ जाना। गुड नाइट।'

गौरव हल्के से सुरूर में था। थोड़ी भूख भी लगी थी। दोनों बाहर से बर्गरनुमा कोई चीज़ पैक करवाकर आये थे। टीवी पर फ्रेंच फ़िल्म देखते हुए दोनों ने बर्गर खाया। अपना सामान पैक किया। मोबाइल में पाँच बजे का अलार्म लगाया और ...

'इति, तुम्हारे पापाजी को गजब का बिजनेस सेंस है!' गौरव ने बहुत देर चुप रहने के बाद कहा।

इस समय दोनों टैक्सी में गुड़गाँव जा रहे थे, पापा ने ही मीटिंग फिक्स करवायी थी। किसी रुद्र प्रताप से। पिछले तीन महीने से गौरव और इति दिल्ली में पापा का बिज़नेस सँभाल रहे थे। पापा ने कम्पनी बनायी थी इति के नाम से। गौरव कम्पनी का डायरेक्टर। ऑस्ट्रेलिया की कम्पनी से करार हुआ, स्पोर्ट्स की एक्सेसरीज़ इम्पोर्ट करने के बाद असेंबिल कम्पनी को बेचने का काम। ख़ास काम नहीं था। पर हाँ, माल की पूरी ख़बर रखनी पड़ती।

पापाजी जुगाड़ कर रहे थे, नवम्बर में होने वाले कॉमनवैल्थ गेम्स में कोई काम मिल जाये। स्पोर्ट्स मिनिस्टर उमेश सिंह तक पहुँचने का जुगाड़ निकल आया।

रुद्र यही सिलसिला था। बल्कि सिलसिले की पहली कड़ी। नाम से लग रहा था भारी–भरकम, मुँह में तम्बाकू भरे नेता टाइप आदमी होगा। रुद्र सिक्स पैक एब वाला हसीन, ज़हीन, हैंडसम, इंग्लिश स्पीकिंग बन्दा निकला। इति की फ्लूएंट इंग्लिश से और गौरव की पर्सनालिटी से प्रभावित लगा।

पापाजी ने वैसे भी मामला लगभग फिट कर ही दिया था।

रुद्र एकदम फ्रैंक था। उसने ख़ुद ही बता दिया कि वह फिफ्टी पर्सेंट मार्जिन पर काम करता है। लिस्ट सामने रख दी। उनकी कम्पनी से कब–कब सप्लाई आयेगी, कहाँ डिलीवरी होगी। लिस्ट देखकर गौरव के मुँह से निकल गया, 'ग्लव्स के एक लाख पीस? इस समय तो गोडाउन में ट्वेंटी फाइव थाउजंड के लगभग पीस होंगे। अभी हम ऑर्डर करेंगे तो देर नहीं हो जायेगी?' रुद्र ने उसकी तरफ़ गहरी–सी निगाह डाली, सीधे शब्दों में कहें तो बस मुँह से चूतिया नहीं कहा और इति की तरफ़ देख कर इंग्लिश में बोला, 'देयर आर वेज़।'

'मुम्बई में एक कम्पनी है जो एक–चौथाई क़ीमत पर बिल्कुल ऐसा ही माल बनाती है, स्टैम्प भी वही। कहीं से पता नहीं लगेगा कि डुप्लीकेट है। यू कैन सेव एटलीस्ट अ करोर।'

इति के हाथ से चाय का कप लगभग गिरते–गिरते बचा। गौरव कुर्सी खिसकाकर थोड़ा आगे आ गया, 'रुद्र जी। ये तो बताइए कि क्वालिटी ऊँची–नीची हो जाये, तो फँसेगी तो हमारी ही कम्पनी न... '

रुद्र के चेहरे पर विलेन वाली स्माइल थी, 'आप लोग बिज़नेस में नये हैं इसलिए ऐसे स्टुपिड सवाल पूछ रहे हैं। आप वही करिए, जैसा मैं कह रहा हूँ। आइ विल टॉक टू सलूजा सर।'

लौटते समय गौरव जैसे ही गाड़ी में टिक कर बैठा, उसने सबसे पहले बड़बड़ाते हुए इति से सवाल किया, 'डार्लिंग, हम लोग कोई फँसने का काम तो नहीं कर रहे।'

इति का ध्यान कहीं और था। गौरव ने टहोका तो थोड़ा इरिटेट हो कर बोली, 'तुम न गौरव, बहुत निगेटिव बन्दे हो। बिज़नेस तो ऐसे ही होता है न... बाक़ी बातें पापा से डिस्कस कर लेना। एक बात बताओ, तुमने भी उलटे–सीधे कई काम किये हैं। फँसे भी हो... पैसे भी गँवाये हैं। पापा का बिज़नेस तो फिर भी लीगली हो रहा है...'

गौरव आँख बन्द कर चुपचाप गाड़ी में अधलेटा हो गया।

पापाजी ख़ुश थे।

नोएडा में ज़मीन ले ली। वाइफ़ के नाम। घर का कंस्ट्रक्शन शुरू करवा दिया। टू स्टोरी हाउस। नीचे पापाजी–मम्मीजी रहेंगे। फ़र्स्ट फ़्लोर पर इति और गौरव। सेकेंड फ़्लोर छोटी बेबी श्रुति के नाम। रहेंगे गेस्ट वग़ैरह।

बिज़नेस से पैसा आने लगा है। ख़ुश हैं कि गौरव थोड़े ज़्यादा सवाल करता है, पर है ऑनेस्ट। आजकल तो जब भी लखनऊ से घर आते हैं दामाद जी के साथ पेग शेयर करने, शेयर मार्केट के बारे में बातें करने, साथ बैठकर बड़े वाले टीवी में अर्नाल्ड स्वाजनेगर या जैकी चैन की फ़िल्म देखने में मज़ा आता है।

अरविन्द साहब टाइप है, वह घर आता है तो थोड़ा बनकर रहना–बोलना पड़ता है। गौरव तो घर का लौंडा टाइप है, कुछ भी कह दो, बोल दो। बहस तो गौरव भी करता है। कभी–कभी तो गुस्सा भी हो जाता है। पर अच्छा लगता है उन्हें। पीठ पर एक धौल मार कर उसकी बात मान लेते हैं।

गौरव भी ध्यान रखता है उनका। पापाजी आ गये हैं। घर की ठीक से सफ़ाई होनी चाहिए। मम्मीजी, ड्राइंग रूम में ये शॉपिंग वाला सामान क्यों पड़ा है? अन्दर ले जाइए। ये क्या फ्रिज़ बिल्कुल खाली है। पापाजी को क्या खिलाओगे–पिलाओगे? न पेप्सी है न रसगुल्ले। ख़ुद जाकर बियर और व्हिस्की ले आता है।

कभी–कभी तो शाम को रस–रंजन के बाद सन इन लॉ और फ़ादर इन लॉ बाहर से मँगा कर चिकन की भी टाँग तोड़ते हैं।

पापाजी हँसते रहते हैं। मम्मीजी भी हँसती रहती हैं। दोनों ख़ुश हैं।

गौरव और इति भी।

श्रुति का क्या?

आती है बीच–बीच में। कभी–कभी अपने मिस्टर के साथ। अक्सर अकेली।

लखनऊ रहती है। पेंटिंग करती है। कहती है लखनऊ यूनिवर्सिटी से आर्ट में पीएच.डी. करेगी।

पापा ने उसे दिवाली पर बुलाया है। पहली दिवाली है शादी के बाद। श्रुति के लिए मम्मीजी ने और इति ने ढेर सारी शॉपिंग की है। सव्यसाची का लहँगा, तनिष्क का सोने का सेट, आहूजा संस से पशमीना शॉल, बरबरी का पर्फ़्यूम, हाई डिज़ाइन का लेदर हैंड बैग। ब्रांड से लदफद कर जब मम्मी और इति घर आये और गौरव को दिखाने लगे तो पता नहीं क्यों वह हँसने लगा।

करवा चौथ से पहले फ़ोन कर मम्मी का दिमाग़ खा लिया श्रुति ने, 'हमसे नहीं होगा मम्मी, पूरे दिन की फास्टिंग। आप लोग प्रेशर क्यों डाल रहे हो? हमारी मदर इन लॉ तो लगता है हर कमरे में सी.सी.टी.वी. लगवा देंगी कि कहीं मैं सबसे छिपकर कुछ खा न लूँ। आप कहो न अरविन्द को। ख़ुद तो राज बनने को तैयार नहीं हैं, हमें चले हैं सिमरन बनाने।'

मम्मीजी ने हँसकर फिर जुतिया कर श्रुति को मनाया और फ़ोन रख कर हाँफती हुई बोली, 'दिमाग़ ख़राब हो गया है श्रुति का। पता नहीं कौन राज, कौन सिमरन...एक फास्ट रखने के पीछे इतना झमेला।'

दोपहर बाद जब श्रुति का लैंडलाइन पर फ़ोन आया, तो रिसीव किया गौरव ने।

गौरव ने श्रुति की कई मुश्किलें सुलझा दीं, 'साली साहिबा, आप काहे अपनी परेशानी इधर–उधर सुनाती घूम रही हैं? जो करना हो करिए न। सबको सफाई देने की क्या जरूरत है भई? भूख लग रही है, तो मुँह घुमा कर कुछ खा आइए। सच बतायें तो कुरते की जेब में मिठाई–शिटाई भर कर बाथरूम में घुस जाइए...बड़ा आनन्द आता है... '

'छी जीजू...आप बाथरूम में खा कैसे लेते हैं? हम कुछ न कुछ तो कर ही लेंगे। मैं तो इस बात से डरने लगी हूँ कि आसपास इतने टिपिकल लोग हो गये हैं, जो आपको आपकी तरह जीने ही नहीं दे रहे। इसका क्या किया जाये? '

'कलेक्टर साहब की तरफ़ इशारा है क्या?'

'जीजू, एक बात आपसे शेयर कर रही हूँ। दी को मत बताइयेगा। शी कैन नॉट कीप अ सीक्रेट। मैं कलेक्टर के साथ बहुत दिनों तक नहीं रहने वाली।'

गौरव शॉक में आ गया, 'क्या कह रही हो? क्या हो गया?'

'आप घबराएँ न। जीजू...लिसन, आप अभी किसी को बताइए मत। मैं आकर बताऊँगी। देयर इज़ अ रीजन।'

गौरव हक्का–बक्का रह गया। अन्दाज़ तो था कि श्रुति की लाइफ़ में कुछ ग़लत हो रहा है। पर शादी को अभी छह महीने नहीं हुए, अलग होने की बात कर रही है? अलग? डिवोर्स...

गौरव के लाख मना करने के बावजूद इति ने मम्मी के साथ करवा चौथ का व्रत रखा था। शाम से घर में रौनक शुरू हो गयी। इन सबसे बच कर गौरव घर से बाहर निकल गया। सोचा था कि टाइम से यानी मून बाबा के निकलने से पहले घर लौट आयेगा...

बहुत दिनों बाद बार में बैठकर लम्बे वाले काँच के गिलास में लार्ज पीने का मज़ा ले रहा था गौरव। पर्स में पैसे, हाथ में टाइम, दिमाग़ में थोड़ी टेंशन। एकदम सही समय और वजह थी। बैचलर टाइप मर्द इधर–उधर घूम रहे थे, हँसी, ठट्ठा, क़हक़हे।

बार में बस एक ही महिला थी उस समय और न जाने क्यों उसका चेहरा पहचाना–पहचाना सा लग रहा था। गौरव ने दिमाग़ लगाया, काम न आया।

उसने सिर झटका ही था कि सामने वह महिला आ गयी।

'गौरव...सही पहचाने न?'

याद आया। कॉलेज में एक साल सीनियर थी। दिल्ली में उसकी फर्स्ट गर्लफ्रेंड। ममता। बिन्दास। बोल्ड।

गौरव खड़ा हो गया। हाथ मिलाने के लिए आगे आया। ममता गले ही लग गयी। पुराना याराना।

'कहाँ हो बबुआ आजकल? स्मार्ट दिख रहे हो। डोले–शोले...'

गौरव हँसा, 'ममता जी, पहचान में नहीं आ रहीं आप तो। आप सुनाओ, जिन्दगी कहाँ ले गयी?'

'अरे वाह। एकदम से ज़िन्दगी पे आ गये, सही है। हम तो भई वही हैं जहाँ तुम छोड़ गये थे।'

गौरव चुप रहा, सोचने लगा, उसने छोड़ा था ममता को कि वह ख़ुद निकल गयी थी आगे? शायद दोनों...अब तो वजह भी याद नहीं रही।

ममता बड़े हक़ के साथ उसके पास वाली कुर्सी पर बैठ गयी।

गौरव ने पूछा, 'किसके साथ आयी हैं?'

'उसे छोड़ो, अपनी बात करो कॉमरेड!'

गौरव ने उसके लिए भी ड्रिंक मँगवा दिया। वह बियर पी रही थी। गौरव को कुछ पूछने की ज़रूरत नहीं पड़ी। अपने आप कहती चली गयी। ग़लत रिलेशन में पड़ गयी। बन्दे ने शादी नहीं की। अकेली रहती है। पटपड़गंज में। एनजीओ चलाती है।

गौरव बीच में उठने लगा, ममता ने खींचकर बिठा दिया। बियर का एक दौर और चला।

इतनी देर बाद ममता को ख़याल आया कि उसे सामने बैठे शख़्स के बारे में भी कुछ पूछना चाहिए।

'तो गौरव मियाँ...क्या हो रहा है? जॉब कर रहे हो।'

'बिज़नेस...'

'अहा...तो तुमको दिल्ली की हवा लग ही गयी...मुझे लगता था, तुम कुछ बड़ा हाथ मारोगे...'

गौरव के कान खड़े हुए। ममता ने अपनी चेयर पास खिसका ली, 'एक बात बता, तूने मुझे छोड़ा था कि मैंने...'

गौरव ने अपने गिलास से बियर का आख़िरी घूँट भरा और उठ गया, 'ममता जी, हमें तो कुछ याद नहीं। बस इतना याद है कि घर जाना है, टाइम हो गया है। चलें?'

'अच्छा। टाइम इतनी जल्दी कैसे हो गया? तुम मैरिड टाइप हो क्या? कहाँ चले? गाड़ी से आये हो? मुझे कहीं ड्रॉप कर दो न। थोड़ी चढ़ गयी है।'

गौरव एक तरह से उसे खींचते हुए बार के बाहर ले आया। दो महीने पहले तक वह बेकार था। अब पापाजी की मेहरबानी से हौंडा सिटी

चलाने लगा है। सफ़ेद रंग की हौंडा सिटी को पार्किंग से निकालकर वह बाहर ले आया। ममता उसके बाजू में कुछ ऐसे हक़ से बैठी, जैसे हमेशा यही काम करती आयी हो।

गाड़ी दो मीटर भी नहीं चली थी, इंडिया गेट पहुँचने वाले ही थे कि ममता ने अजीब हरकत की। उचककर वह गौरव के चेहरे के पास पहुँची और उसके मुँह पर (लिप्स तक पहुँच नहीं पायी) एक किस कर दिया। गौरव हड़बड़ा गया। गाड़ी आउट ऑफ़ कंट्रोल हो गयी और पास खड़े एक ऑटो पर जाकर ठुक गयी।

एक सेकेंड। इससे पहले कि गौरव ममता पर भड़ास निकालता, ऑटो वाला भड़भड़ाता हुआ सामने आ गया, 'ऐ हीरो, चल बाहर निकल!'

गौरव दो सेकेंड के लिए सनाका खा गया। गाड़ी से निकलते–. निकलते उसके चेहरे का एक्सप्रेशन बदल गया। लपककर ऑटो वाले के पास जाकर उसके गले में हाथ डालकर लगभग रोने वाली आवाज़ निकालता हुआ बोला, 'यार, प्लीज, गलती हो गयी हमसे। क्या बतायें, ये हमारी जोरू ने अभी बताया कि हमसे तलाक लेना चाहती है। भैया दिमाग सनाका खा गया। माफ कर दो हमको...'

ऑटो वाला पीछे हटा। गौरव ने खींचकर उसे गले लगा लिया।

'अरे, अरे, आप ठीक तो हैं न।'

'नहीं राजा, बिल्कुल ही ठीक नहीं हैं। तुम ही बताओ, तुम्हारी जोरू तुम्हारे सामने किसी दूसरे मर्द का नाम ले रही है, ये बकचोदी हम झेल नहीं पायेंगे...!'

ऑटो वाला गाड़ी के पास आ गया, 'क्या हो भौजाई जी, आप ऐसा काहे कर रही हैं? आज तो जान बच गयी। कल को जिनगी का क्या भरोसा? काहे भैया के साथ ऐसा ज्यादती कर रही हैं?'

ममता ने खिड़की से सिर निकालकर उसी अन्दाज़ में कहा, 'बड़े वाले चूतिया हैं तुम्हारे भैया। अपनी औक़ात भूल रहे हैं।'

ऑटो वाला भड़क गया, 'ये तो ग़लत बात है भौजाई। आप गाली दे रही हैं? ग़लत है...'

गौरव धीरे–से गाड़ी की तरफ़ बढ़ा। ऑटो वाले ने ख़ुद ही कह दिया, 'भैया आप घर लेकर जाइए भौजाई को। आराम से समझाइए। न हो तो एक लप्पड़ लगाइए। अईसा थोड़े ही न होता है...'

गौरव एक बार फिर से ऑटो वाले के गले लगा और लपककर गाड़ी

में बैठ गया। ममता हँसने लगी, 'तुम तो गज़ब के एक्टर निकले यार।'

'बकिए मत। क्या करने जा रही थीं आप?'

'अरे, इतना गुस्सा? कुछ कर थोड़े ही पाये? एक नम्बर के ढक्कन हो तुम! पूछ रहे हो, क्या करने जा रही थीं?'

गौरव कुछ देर चुप रहा।

ममता ने टोका, 'तुमसे मिलकर अच्छा लगा गौरव। तुम बदल गये हो। यह भी सही है। आदमी को टाइम के साथ बदलना भी चाहिए।' गौरव ने आगे जाकर गाड़ी की स्पीड कम की और धीरे से बोला, 'हम आपको प्रगति मैदान के पास ड्रॉप कर रहे हैं, मेट्रो लेकर चली जाइये।'

ममता ने कुछ कहा नहीं, गाड़ी के रुकते ही वह चुपचाप उतरने लगी। उतरते–उतरते उसने कहा, 'ये मेरा कार्ड है। मेरा नम्बर भी है। कभी ज़रूरत लगे, तो फ़ोन कर लेना। थैंक्स फ़ॉर द बियर...'

गौरव को घर के बाहर ही पूजा का थाल लिए मम्मीजी और इति नज़र आ गयीं। ठुकी हुई होंडा सिटी देखकर समझ में आ गया कि एक्सीडेंट की वजह से श्रीमान देर से पहुँचे हैं।

गनीमत, इति ने शिकायत नहीं की। मम्मीजी बस इसी चिन्ता में रहीं कि तुम्हें चोट तो नहीं लगी।

रात को ज़बर्दस्ती पूरी–शूरी ठूँसने के बाद गौरव एक सिगरेट का कश लगाने जब बालकनी आया, तो न जाने क्यों ममता का ख़याल आ गया। उसकी पहली गर्लफ्रेंड। गर्मागर्म गर्लफ्रेंड। क्या हो जाता है तेज़ तर्रार लड़कियों को?

श्रुति की घर वापसी सबके लिए चौंकाने वाली ख़बर रही।

उसके घर आते ही मम्मी ने बड़े शौक़ से उसके सामने बड़ी वाली ट्रे रखी, फुल ऑफ़ गुडीज़। श्रुति ने उसकी तरफ़ नज़र भी नहीं डाली। जब मम्मी ने झिड़की लगाई कि देख तो ले, क्या है, तो बेमन से खोला।

मुँह से निकल गया, 'क्या मम्मी, ये सब क्यों ले आयीं? मैं क्या करूँगी? मुझे नहीं चाहिए। आप लौटा दीजिए'।

मम्मी और सबसे ज़्यादा इति का चेहरा फक्क पड़ गया। लड़की को क्या हो गया है?

लड़की तो दूसरी वजहों से लौटी थी। यह कहने कि अब वह यहीं

रहेगी। इति की तरह। इति जब घर लौटी थी, बात कुछ और थी। इस बार पापाजी की नाक का, इज़्ज़त का, पोज़ीशन का, घर का, बाहर का, पड़ोसियों का, मोहल्ले का, देश का सवाल था।

छह महीने भी नहीं हुए शादी को...

ऐसी क्या बात हो गयी?

अरविन्द की लाइफ़ में पुरानी गर्लफ्रेंड आ गयी है।

ऐसे कैसे? तुमने आने कैसे दिया? वाइफ़ हो उसकी।

वाइफ़ हूँ, तो! मैं रिएक्ट न करूँ?

अरविन्द के पेरेंट्स क्या कह रहे हैं?

वह तो मानने को तैयार ही नहीं हैं।

सही है। कोई क्यों मानेगा? मैं बात करूँगा अरविन्द से, उनकी फ़ैमिली से।

पापा, कोई यूज़ नहीं है। मैं और ह्यूमिलिएट नहीं होना चाहती।

नहीं, यह कोई सॉल्यूशन नहीं है। तुम्हें वहीं रहना होगा।

पापा...मैं अरविन्द और उसकी फ़ैमिली के साथ नहीं रह सकती। आप मेरे साथ टॉर्चर क्यों कर रहे हैं?

पापा सुनने को तैयार नहीं। मम्मी जी परेशान। इति जी कन्फ़्यूज्ड। गौरव ही है जो थोड़ा–बहुत समझ रहा है। आई.ए.एस. अहंकारी है, सेल्फ़ सेंटर्ड है, कैसे रहेगी श्रुति उसके साथ?

'नहीं जीजू। यह रीजन नहीं है। प्रॉब्लम मेरी है।'

'माने?'

'मैं जितनी सिम्पल दिखती हूँ न जीजू, हूँ नहीं। आइ रियलाइज्ड आइ एम ए काम्पलीकेटेड पर्सन। जब अरविन्द नहीं मिला, तो चाहती थी कि हर सूरत में मुझे मिल जाये। फिर उसकी लाइफ़ में फंटी वापस आ गयी।'

'कौन फंटी?'

'लिज़... उसकी लवर। मुझसे मिलने आयी थी शादी से पहले। मैंने कितना कहा, मुझे शादी नहीं करनी। सबने ज़िद पकड़ ली। उस टाइम मैंने कॉम्प्रोमाइज़ कर लिया...सच कहूँ जीजू, तो मैं ही लिज़ से कहती रहती थी कि अरविन्द को फ़ोन कर ले, मिल ले।'

'कितना बकलोली करती हैं आप। सही से बताइए आपकी प्रॉब्लम क्या है?'

श्रुति सोचने लगी, 'अरविन्द इज़ नॉट माई टाइप ऑफ़ मैन। ही इज़ चीटिंग ऑन मी...'

'सही से बताइए तो...।'

'अरविन्द डजंट लव मी।'

'ना... हम नहीं मानते। आपको अपनी मैरिज को थोड़ा टाइम देना चाहिए।'

'उससे क्या होगा जीजू...'

'चाहती क्या हैं आप?'

'इन सबसे दूर। मुझे इतनी टेंशन में नहीं रहना जीजू। वैसे भी मैंने तय कर लिया है, इस अनवांटेड रिश्ते में नहीं रहूँगी।'

गौरव ने देखा, ध्यान से। श्रुति को हमेशा एक बच्चा ही बना देखा है। यह कौन–सी श्रुति है उसके सामने? क्या चाहिए उसे ज़िन्दगी से?

पापाजी कुछ भी सुनने को तैयार नहीं थे। इति के केस में शायद इतने स्टबर्न नहीं थे। श्रुति की तो कोई बात सुनने को राज़ी न हुआ। मम्मीजी कोने में ले जाकर श्रुति को समझाने लगीं, 'बेटा, ऐसा क्या हो गया? सब ठीक ही तो है। थोड़ा–बहुत तो हर शादी में एडजस्ट करना होता है न। मैंने नहीं किया? इति से पूछ, उसने भी किया। ऐसे थोड़े ही न करते हैं? छोटी–सी बात के लिए डिवोर्स? मैं ख़ुद आज़ादी की बात करती हूँ। पर मेरे को कोई रीजन नहीं लग रहा।'

श्रुति शायद एक हज़ार बार जो दोहरा चुकी थी, वह ही वापस कहा, 'मम्मी, आप जिसे एडजस्टमेंट कहती हैं न वह मेरी ज़िन्दगी का सवाल है।'

'ये कैसी ज़िन्दगी हुई श्रुति? तूने तो ख़ुद कहा था अरविन्द से शादी करनी है, पापा ने तो तोड़ दी थी शादी।'

'ग़लती हो गयी मम्मी। अब तो सही करने दो।'

'न, तेरी ये बात हम नहीं मान सकते।'

मम्मी ने इति से कहा कि वह श्रुति को समझाये। इति ने गौरव से रिक्वेस्ट की, 'मुझे ये लड़की समझ नहीं आती गौरव। तुमसे शायद कहेगी।'

'हमसे? क्या बात कर रही हो? जो बात तुमको नहीं बता सकती, हमको बतायेगी?'

'कोशिश तो करो।'

गौरव का मन किया कह दे कि पहले से बहुत कुछ पूछ चुके हैं। पर सच तो यह था कि उसे भी लग रहा था कि श्रुति उसे पूरी बात नहीं बता रही। पता नहीं क्यों डिवोर्स की बात ले बैठी है? इन दिनों फ़ैशन में है क्या?

अरविन्द से बेशक गौरव की कितनी भी तनातनी क्यों ना हो, पर श्रुति का यह स्टेप उसे भी हज़म नहीं हो रहा।

श्रुति ने कहा, 'पापा ने मुझे जाने को बोल दिया है।' अजीब लड़की है। ज़रा भी दुखी या टेंशन में नहीं लग रही।

गौरव टेंशन में आ गया, 'कहाँ जाने को बोला है भई?'

'जीजू, यह क्या सवाल हुआ? घर से...'

'आप तो ऐसे बोल रही हैं, जैसे कोई गुड न्यूज़ सुना रही हो...'

'क्या करूँ जीजू? रोने लगूँ?'

'एकदम ही मैड हो।'

'मैं वापस अरविन्द के पास नहीं जाऊँगी।'

'फिर...!'

'सोचा नहीं...आप सजेस्ट कीजिए...'

'आप दोनों सिस्टर्स के लिए पापाजी ने सिक्योरिटी की पूरी फौज़ लगा रखी है, और कहीं रहने देंगे वे? अकेले? हमको तो नहीं लगता। आप करेंगी क्या? कोई जॉब तो है नहीं। रहेंगी कहाँ?'

'डोंट नो।' श्रुति चुपचाप कैपेचीनो पीने लगी।

याद आया, दस महीने पहले इसी तरह कैपेचीनो पी रहे थे दोनों सी.सी.डी. में। उस समय की श्रुति और आज, कितना फ़र्क़ आ गया है।

'साली साहिबा, हम अभी भी समझ नहीं पाये आपको। काहे इतना बोल्ड स्टेप ले रही हैं? अरे, ऐसे आराम से छोड़ क्यों रही हैं कलेक्टर साहब को? मूँग दलिए उसके सीने पर। नहीं आता, तो हम सिखा देंगे।'

'नहीं, मुझसे नहीं होगा। इसकी ज़रूरत नहीं है।'

'आपका गुस्सा किस बात पर है?'

'पता नहीं आप कितना समझेंगे... मुझे बताइए जीजू, जब सब ठीक था, अरविन्द शादी के लिए भी तैयार हो गया, उसने अपनी एक्स लिज़ को मेरा नम्बर दे दिया, शादी से पहले लिज़ मुझसे मिलने आयी...यहाँ

तक ठीक था। मुझे लगा कि ओपन माइंडेड होना चाहिए। हनीमून से लौटने के बाद अरविन्द ऑफ़िस के काम से दो–तीन बार दिल्ली आया। मैंने उसे सजेस्ट भी किया कि उसे लिज़ से मिलना चाहिए, गुड़गाँव में अकेली रहती है। मैं तो उसके लिए जिनेवा से गिफ़्ट भी लेकर आयी थी, शैनेल का पर्फ़्यूम। अरविन्द से मैं पूछती रहती थी, लिज़ से मिले क्या? उसी दौरान वह मुम्बई गया था, घर में उसका लैपटॉप रह गया। मैंने यूज़ करने के लिए खोला। आइ नो द पासवर्ड। उसका जीमेल अकाउंट क्लोज नहीं था। मैंने ओपन किया, ऐसे ही। लिज़ के कई मेल्स थे। आइ स्टार्टेड रीडिंग। उन दोनों के बीच तो फुल अफ़ेयर चल रहा है जीजू! आइ रियलाइज्ड, वह तो मेरे बारे में भी कुछ–कुछ लिख रहा है उसे, श्रुति इज़ अ चाइल्ड, वेरी इमैच्योर, शी हैजन्ड सीन द वर्ल्ड। कम्मॉन जीजू, इट इज़ सो इनसल्टिंग। मेरा हस्बैंड अपनी लवर को मेरे बारे में लिख रहा है...'

'तुमने पूछा था अरविन्द से।'

'हाँ, उसके पास ठीक–सा कोई जवाब नहीं है। हँसने लगा कि इसमें ग़लत क्या है, वह मेरी फ्रेंड है। तुम्हें भी तो उसके बारे में बताता रहता हूँ। कहता है, तुम दोनों को फ्रेंडशिप कर लेनी चाहिए। तुम उससे बहुत कुछ सीख सकती हो।'

'आपको कैसे पता दोनों में अफ़ेयर चल रहा है?'

'जीजू, इतना तो सेंस हो ही जाता है न। दे वर प्लानिंग टु गो टु गोआ टुगेदर। अरविन्द कहता है कि वे अपने ओल्ड फ्रेंड्स से मिलने जा रहे हैं गोआ, बुल शिट। फिर उसे अपनी वाइफ़ के साथ जाना चाहिए या...'

'आप सच में अलग होना चाहती हैं?'

श्रुति ने हाँ में सिर हिलाया।

'अकेली रह लेंगी? स्ट्रगल कर लेंगी?'

श्रुति ने सिर हिलाकर कहा, 'यस।'

'आपकी सिस्टर तो कहती है, आप बस कहती रहती हो, जब करने का टाइम आता है तो फुस्स पड़ जाती हो...'

'मेरे बारे में सबका यही ओपिनियन है...'

'वाह बालिका, आप तो बड़ी जबरिया निकलीं। चलिए, कुछ सोचते हैं हम...'

'जीजू, अब सोचने का टाइम गया। कुछ कीजिए...'

पापाजी सुबह ही लखनऊ से लौटे थे।

बहुत अपसेट।

गुस्से में।

आते ही मम्मी पर चढ़ बैठे, 'क्या ज़रूरत थी तुम्हें अरविन्द के घरवालों से बात करने की? आता–जाता तो है नहीं। रायता और फैला दिया। तुम और तुम्हारी बेटियों ने आफ़त मचा रखी है।'

मम्मी रोने लगीं, 'ऐसा क्या कह दिया मैंने?'

'अब ये टेसुए न बहाओ तुम। हद करती हो। शताब्दी में टिकट बुक करवाया, दोनों का, गाड़ी लगाई, तुमसे यह न हुआ कि श्रुति को लेकर लखनऊ जाओ?'

'मैंने बहुत कहा, पर... आप भी नहीं थे। इति की भी नहीं सुनी उसने...'

'हद है। कहाँ है श्रुति? बुलाओ उसे।'

मम्मी ने रोते हुए चेहरा उठाकर इधर–उधर देखा। उन्हें भी ठीक से पता नहीं।

'इति को बुलाओ। पूछो उससे।'

इति हाज़िर।

इति का चेहरा उतरा हुआ था।

'पापा, कहकर गयी कि अपने किसी फ्रेंड के साथ रहने जा रही है।'

'ऐसे कैसे रहेगी फ्रेंड के साथ? फ़ोन लगाओ उसे... हाज़िर करो यहाँ।'

इति तीर की तरह बाहर। गौरव उसके पीछे–पीछे।

'गौरव, प्लीज़ श्रुति को लेकर आओ यहाँ। पापा बहुत गुस्से में हैं।'

गौरव शान्त था, 'ठीक है। पापाजी का क्या इरादा है? कोई ऑनर किलिंग वाली बात तो नहीं?'

इति भरभराकर बोली, 'ह्वॉट नानसेंस। पापा ऐसा क्यों करेंगे? वे बस परेशान हैं श्रुति के लिए।'

'इति जी, हम कोई गारंटी नहीं लेते। बोल देंगे उससे। मन होगा, तो आ जायेंगी।'

'अरे ऐसे कैसे बोल रहे हो? बात तो करो...'

'अच्छा, बात क्या करना। खुद ही चले जाते हैं। पर फिर से कह रहे हैं...'

'अब जाओ तो...'

आई. पी. एक्सटेंशन में पॉश बारह स्टोरी बिल्डिंग के पास एक लगभग धराशायी चार मंज़िला 16 फ़्लैटों की बिल्डिंग, धर्म निवास। गेट पर तैनात सिक्योरिटी गार्ड को आने–जाने वालों से कोई मतलब नहीं। बस अपने गमछे को दोहरा लपेट हाथ में डण्डा लिए गेट वह नियम से खोलता–बन्द करता है। कभी–कभी तो गेट खुला ही रहने देता है।

छोटी–सी गैलरी से गुज़रते हुए गौरव सेकेंड फ़्लोर पहुँचा। एक टू बीएचके फ़्लैट के सामने रुका। बेल बजायी। फिर एहसास हुआ कि दरवाज़ा खुला हुआ है। ममता ज़मीन पर बिछी कार्पेट पर औंधे मुँह लेट कर ज़ोर से चिल्ला रही थी, 'दरवाज़ा खुला है, देखो, शायद कुरियर वाला होगा।'

कमरे के एक तरफ़ कुछ बीन बैग्स। दूसरी तरफ़ दो बाबा आदम के ज़माने की केन की कुर्सियाँ। जहाँ ममता लेटी थी, आसपास कई सारे जूठे कप्स, चिप्स के पैकेट और सिगरेट बड्स से भरा एशट्रे।

आवाज़ सुनकर मोढ़े पर बैठे उदित और सुमित उठकर आये। उदित ने खुरदरी–सी दाढ़ी रख ली थी। बाल बढ़ा लिये थे। अजीब–सा, लेकिन अलग–सा लगने लगा था। सुमित पहले से ज़्यादा चीप टाइप लगने लगा था। एकदम नैरो जीन्स और कसी हुई लाल टी–शर्ट। दोनों भाइयों की तरफ़ देखकर गौरव ने ज़ोर से पूछा, 'वी.आइ.पी. जी कहाँ हैं?'

उनके कहने से पहले किचन से खटर–पटर के बीच श्रुति की आवाज़ आयी, 'जीजू, सही टाइम पर आये। चाय बना रही हूँ।'

ममता ने बड़बड़ाते हुए कहा, 'कमबख़्त यह कोई चाय पीने का वक़्त है? शाम ढल रही है, उम्र गुज़र रही है।'

गौरव सीधे किचन में ही पहुँच गया, 'मना किया था न, किचन का काम इन दोनों जोकरों से क्यों नहीं करवातीं? बहुत दिलेरी दिखाई थी भाइयों ने, बॉडीगार्ड बनेंगे...'

सुमित लपकते हुए आ गया उसके पास, 'भाई, हम तो कह रहे थे कि चाय हम बनायेंगे। पर मानी नहीं। बोलीं, तुम एक नम्बर की वाहियात चाय बनाते हो।'

'अपने मुँह से ख़ुद की तारीफ़ करते हुए एकदम लपरघोंघों लगते हो। शर्म करो। सीख क्यों नहीं लेते चाय बनाना?'

'हम क्या बतायें भाई। एक ठौ काम है जो हम बहुत अच्छी तरह सीख गये हैं... आप ममता दीदी से काहे नहीं पूछ लेते? रोज़ शाम गये जो हम उनको ड्रिंक बनाकर देते हैं, फोर्टी फाइव एम.एल. का, एकदम परफेक्ट!'

गौरव ने सुमित की पीठ पर जमा कर मुक्का मारा, 'यही सब करने के लिए यहाँ ड्यूटी लगायी है क्या तुम्हारी। स्साले दोनों कामचोर हो।'

श्रुति एक ट्रे में चाय के चार कप रखती हुई बोली, 'क्या जीजू, आते ही सुमित की क्लास क्यों लेने लगे? बाक़ी सब काम तो ये ही दोनों करते हैं।'

गौरव ने चाय का कप उठा लिया। श्रुति कुछ काम वाक़ई अच्छा करती थी, जैसे चाय बनाना। घूँट भरने के बाद उसने कहा, 'पापाजी आये हैं, याद कर रहे हैं आपको।'

'क्यों जीजू? अब क्या हो गया?'

'चल कर ख़ुद पता कीजिए। आप क्या कह रही थीं न, प्लान बी, प्लान–सी। ऐसा कुछ होगा उनके दिमाग़ में भी।'

'पापा के दिमाग़ में हज़ार चीज़ें नहीं चलतीं। इस वक़्त तो एक ही एजेंडा है श्रुति को कैसे ससुराल रवाना किया जाये।'

'आपने अपने प्लान कखघ का क्या किया मोहतरमा?'

'प्लान ए तो नहीं चला। फिलहाल प्लान सी पर काम कर रहे हैं।'

'बी को टाटाबायबाय काहे कर दिया?'

'बी में दम नहीं था। आर्ट एग्जीबिशन वाला आइडिया एकदम फ़ालतू टाइप है जीजू। मैं कोई तोप हूँ जो लोग मेरा एग्जीबीशन देखने आयेंगे?'

'तोप तो नहीं, पर आपका बायोडाटा स्ट्रांग है। एम.एल.ए. की बिटियवा हैं, आई.ए.एस. की वाइफ हैं। लाइन लग जायेगी पेंटिंग खरीदने वालों की।'

श्रुति गम्भीर हो गयी, 'मज़ाक़ उड़ा रहे हैं न? चलिए आप भी मुराद पूरी कर लीजिए।'

'अच्छा ठीक है। दूसरा वाला प्लान का क्या हुआ?'

अचानक ममता बीच में बोली, 'मेरी तो कोई सुनता ही नहीं। इतना अच्छा आइडिया दिया था मैंने...तुम पैसे लगाओ गौरव, हम मसाज पार्लर खोलेंगे, गारंटी है, न चले तो तेरे नाम का टैटू बनवा लूँगी।'

'सही कह रही हैं ममता दी,' अब उदित ने मुँह खोला।

'ज़्यादा बकचोदी न करो तुम समझे कि नहीं। चले हैं मसाज पार्लर खोलने। क्यों हो ममता, बाक़ी तो बिज़नेस बहुत बढ़िया चला रही हो ना, जो ऐसा गज्जब आइडिया आया है?'

गौरव ने हूल तो दे दिया, पर लगा कि उसकी बातों से कोई इम्प्रेस नहीं हुआ है। श्रुति बहुत मुश्किल से साथ चलने को तैयार हुई, इस शर्त पर कि रात को वह लौट के आयेगी, पापा चाहे जो कहें। उदित

और सुमित ने अपनी ड्यूटी को बहुत सीरियसली लिया। गौरव ने उन्हें बाक़ायदा अपॉइंट किया था भई, श्रुति का बॉडीगार्ड। गौरव के होंडा सिटी में बैठ कर सब घर आये।

पर पापा के इस रूप की तो किसी ने कल्पना ही नहीं की थी।

पापा रो रहे थे। गौरव का अन्दाज़ था तीन पेग डाउन थे। नाक लाल, गाल सूजे हुए, आँखों में पानी।

श्रुति पिघल गयी, 'पापा, आइ एम सॉरी। आप मत रोइए प्लीज़।'

पापा ने जेब से रूमाल निकालकर नाक सुड़का, फिर से रोने लगे।

उदित और सुमित घर के एंट्रेस पर बुद्धुओं की तरह खड़े थे। पापा के सामने श्रुति। श्रुति के पीछे मम्मीजी, इति और गौरव।

पापा ने श्रुति का हाथ पकड़ लिया। बहकते हुए, रुक–रुक कर बोले, 'कहाँ चली गयी थी बेटी? ऐसे घर छोड़ कर नहीं जाते। कुछ था मन में, तो बताना था न?'

'सॉरी पापा। ऐसा कभी नहीं करूँगी।' श्रुति की आँखों में भी आँसू आ गये।

'कुछ हो गया तुम्हें, तो मैं कहाँ जाऊँगा? मैं तुम लोगों के लिए तो कर रहा हूँ सबकुछ।'

'जी पापा।'

'ठीक है बेटा। अपने कमरे में जा। कल सुबह बात करेंगे।'

'जी। पापा, एक बात कहनी है...'

'बोल...'

'मैं अपनी पेंटिंग की एग्जीबिशन लगाना चाहती हूँ।'

पापाजी का चेहरा चमक उठा, हाथ उठाकर श्रुति को शाबाशी देते हुए बोले, 'वेरी गुड श्रुति। बहुत अच्छा डिसीज़न है। मैं तेरी सारी पेंटिंग बिकवा दूँगा। गुड।'

गौरव पीछे खड़ा था, अचानक उसे हँसी आ गयी। श्रुति ने पलट कर देखा, कुछ गुस्से से कुछ लाचारी से।

पापा ने कुछ नहीं देखा। बस कहते चले गये, 'ध्यान रखना बेटा। कहीं जाना हो तो सिक्योरिटी को साथ ले लेना। अकेले नहीं जाना...'

'जी पापा, उदित और सुमित हैं न...' श्रुति बोली।

'कौन?'

अपना नाम सुनकर दोनों जुड़वाँ भाई सकपकाते हुए आगे आये।

अब गौरव ने कहा, 'हमारे भाई हैं पापाजी। अभी कॉलेज कर रहे हैं। बहुत रेस्पॉन्सिबल लड़के हैं...'

पापा ने दोनों की तरफ़ अविश्वास से देखा। बेमन से सिर हिला कर बोले, 'ठीक है। जब तक हम एजेंसी से गार्ड नहीं बुलवा लेते, तब तक चला लेना।'

एग्जीबिशन श्रुति का, पर बेगानी शादी में दीवाने हो रहे हैं उदित, सुमित, ममता और बहनों के कजिन ब्रदर मिट्ठू उर्फ़ मानव। दिल्ली की हवा क्या लगी, मानव जी सलमान खान के शिष्य बन गये! छह महीने में जिम–शिम और टीना नामक कन्या ने ऐसा असर दिखाया कि सौ किलो से सीधे साठ पर आ गया। एकदम डिंचक रणबीर कपूर टाइप बाल, अक्षय टाइप चाल।

उसे देखकर इति के दिल को ठण्डक पहुँची। पहली बार गौरव के भाई वर्सेज उसके भाई में अपना पलड़ा भारी पड़ता लगा। श्रुति मस्त थी। उसे तो इतने लोगों का अटेंशन मिलना ही मज़ेदार लग रहा था।

पापाजी की वजह से या इन्फ्लुऐंस से इंडिया हैबिटेट सेंटर में एग्जीबिशन की जगह मिल गयी। पापाजी ने एक पीआर कम्पनी को अपॉइंट कर दिया। श्रुति का पहला एग्जीबिशन है, थोड़ी पब्लिसिटी तो होनी चाहिए।

एग्जीबिशन से ऐन पहले पापाजी ने कह दिया, 'देख श्रुति, एक बात माननी पड़ेगी तुझको। मैं अरविन्द को बुला रहा हूँ। मेरी इज़्ज़त का सवाल है बेटा। एग्जीबिशन के दिन रात को पार्टी में सन इन लॉ नहीं रहेगा, तो मेरी नाक कट जायेगी। ठीक से सँभाल लेना। मेरे को कोई सियापा नहीं चाहिए।'

श्रुति का उत्साह थोड़ा–सा ठण्डा पड़ गया। पापा हर समय घी का पीपा लेकर क्यों खड़े रहते हैं, जहाँ धुआँ देखा वहाँ उड़ेल दिया। ज़रूरी है अरविन्द को बुलाना?

गौरव ने समझाया, 'इसमें सेड होने जैसी कोई बात ही नहीं है। समझा कीजिए। अच्छा है, आने दीजिए आई.ए.एस. को। देखने दीजिए आपका टैलेंट। आप काहे फिजूल में सेंटिया रही हैं?'

श्रुति ने जान कर लिज़ को भी इन्वीटेशन मैसेज कर दिया।

अलग–सी फ़ीलिंग वाले दिन। इतना इम्पॉर्टेंट तो अपनी शादी के दिन भी नहीं फ़ील किया। अख़बार, मैगज़ीन, चैनल सब जगह इंटरव्यू नयी उभरती पेंटर। कोई उसके कलर सेंस की तारीफ़ कर रहा है, तो कोई इमैजिनेशन की। बहुत सोच समझकर डी डे के लिए श्रुति ने फेब इंडिया से ऑरेंज कलर की सिल्क की साड़ी ख़रीदी है। साथ में सिल्वर का नेकपीस।

इति शायद देर से अपने आपको यह कहने के लिए तैयार कर रही थी, 'तुम्हें नहीं लगता कि थोड़ा ज़्यादा हो रहा है?'

गौरव दो मिनट पहले रज़ाई के अन्दर जाकर कम्फर्टेबल हुआ था, उसे लगा इति उस पर कमेंट कर रही है, उसने हड़बड़ाकर कहा, 'भई, जब तक अन्दर नहीं आइएगा, कैसे पता चलेगा हमने ज़्यादा जगह ली है या कम?'

इति खीझ गयी, 'गौरव, क्या मैं रज़ाई की बात कर रही हूँ? टू मच। श्रुति की पेंटिंग एग्जीबिशन की बात कर रही हूँ।'

'कोई बात हो गयी क्या? सीधे–सीधे बताइए न, पहेली क्यों बूझ रही हो?'

'अजीब लग रहा है। अचानक श्रुति पेंटर बन जाती हैं, पापा इतना बड़ा सेलिब्रेशन करवा रहे हैं। पार्टी, पीआर एटसेट्रा...ज़रूरत है क्या इन सबकी?'

'हमसे क्यों पूछ रही हो मैडम? हमें जो आदेश होगा, बजा लेंगे। हम तो बस भेड़ टाइप प्राणी हैं, जहाँ कहेंगी, ऊन उठाकर चल देंगे।'

इति ने गन्दी नज़रों से उसकी तरफ़ देखते हुए कहा, 'मुझे तो इस समय तुम भेड़ नहीं, कनिंग वाला सियार लग रहे हो। पापाजी के सामने यस सर, यस सर कहते रहते हो, श्रुति के गाइड बने रहते हो, मेरे सामने जब आते हो तो ऐसे प्रिडिक्ट करते हो, जैसे गौतम बुद्ध हो...'

गौरव बिस्तर पर पालथी मार कर बैठ गया, 'सही पकड़ रही हैं, हमें भी लग रहा है हम बुद्ध टाइप के ही कोई प्राणी हैं, अरे, ऐसे घूर के काहे देख रही हैं, अभी–अभी बुद्धजी का ज्ञान प्राप्त हुआ है।'

इति सच में गुस्सा हो गयी, 'गौरव, तुम बेहद सेल्फ़िश क़िस्म के

आदमी हो। ज़्यादा पापा के चमचे न बनो। मेरी बात सुनो। पापा इस एग्जीबिशन वगैरह में कितना ख़र्च कर रहे हैं?'

गौरव गम्भीर होता हुआ बोला, 'डार्लिंग, ये पापा की बिज़नेस स्ट्रेटजी है। पापाजी को कैपिटल में एक पार्टी करने का बहाना चाहिए। कुमारी सॉरी श्रीमती कलेक्टर की वजह से ये मुमकिन हो गया। बस, न इससे ज्यादा, न कम। अब ज्यादा दिमाग न लगाइए और चैन की नींद सो जाइए। कल बिजी डे है। अर्ली मार्निंग चैनल 10 वाले आपकी सिस्टर का इंटरव्यू करने घर पधार रहे हैं। आप भी टाइम से उठ जाइये, मुँह–हाथ धोकर चकमक सूट पहनकर बैकग्राउंड में खड़ी हो जाइये। काम आयेगा...'

इति के मुँह से गन्दी–सी गाली निकलते–निकलते भी आ ही गयी और गौरव वापस रज़ाई में घुस गया।

दो मिनट बाद गौरव ने रज़ाई से सिर निकाला, इति खिड़की के पास खड़ी थी। वह लपककर बिस्तर से नीचे उतरा, इति के पास जाकर उसे अपनी बाँहों में घेरकर बोला, 'इतना टेंशन काहे लेती हो? तुम्हारे पास किस चीज़ का कमी है बोलो? पापाजी कितना मानते हैं तुम्हारी बात। हम सब तुम्हारे फैन हैं...फिर, ऐसा छोटा बात क्यों सोचती हो? तुम्हारी बहन को भी पता है वह कोई ग्रेट पेंटर नहीं है। पर इस वक्त न उसे लाइफ में ऐसे किसे बड़े से ब्रेक की जरूरत है। हम सबको उसका साथ देना चाहिए। गलत तो नहीं कह रहे हैं न हम? चलिए, अब गुड गर्ल की तरह सो जाइये।'

गौरव तीसरी–चौथी बार मिल रहा था अपने बिज़नेस पार्टनर से। रुद्र।

झमाझम पार्टी के बीच से उसे खींचकर बाहर ले आया; रुद्र।

'तुम किस बिल में ग़ायब रहते हो यार!' रुद्र ने गौरव के कन्धे पर हाथ रखते हुए कुछ इस अन्दाज़ में कहा, जैसे दोनों बमचम हो, हुक्क़ापानी का रिश्ता हो।

'सही फरमाया दोस्त। पिछले जन्म में चूहा था, पुरानी आदत गयी नहीं...'

रुद्र सकपकाया, फिर ज़ोर से हँसने लगा, 'यू हैव ग्रेट सेंस ऑफ़ ह्यूमर! आदमी बहुत दिलचस्प हो तुम!'

गौरव ज़बर्दस्ती हँसा, 'हमें तो नहीं लगता, आपको कैसे हममें दिलचस्पी हो गयी?'

रुद्र शायद उसका कमेंट सुनने के मूड में नहीं था। वह सीधे बात पर आ गया, 'अपने फादर इन लॉ के साथ ही बिज़नेस करोगे कि कुछ अपना काम भी करोगे?'

'क्या प्लान है?'

'यहाँ नहीं, दिस इज़ नॉट द प्लेस। ऑफ़िस आओ कल, बात करेंगे।'

गौरव के दिमाग़ में यह बात कुछ दिनों से चल भी रही थी, अपना भी कुछ काम होना चाहिए। कुछ कान्ट्रैक्ट, कुछ बिज़नेस। इति से ज़िक्र किया था, तो उसने ख़ास इंटरेस्ट नहीं लिया, पापा का बिज़नेस भी तो अपना ही है, अलग से कुछ करने की क्या ज़रूरत? पापा हम लोगों के लिए ही तो कर रहे हैं।

बात कुछ सही थी, कुछ झोल वाली। पापा जी काम सारे गौरव से करवाते थे, मीटिंग में इति को ले जाते थे और डिसीजन ख़ुद लेते थे। हर महीने एक तगड़ी रक़म इति के अकाउंट में आ जाती। इति का पर्सनल अकाउंट गौरव के साथ जॉइंट नहीं था। इसके अलावा कभी–कभार पापाजी कुछ ट्रांजेक्शन मम्मीजी, श्रुति और बचाखुचा गौरव के नाम करते। ज़ाहिर था, यक़ीन उनको अपनी फ़ैमिली पर ही था। दामाद को खाने–खेलने की कमी न हो, इससे ज़्यादा क्या?

गौरव कई बार हर्ट हो जाता। इति से डिस्कस करना बेमानी था। वह यह मानने को तैयार नहीं थी कि उसके पैसे गौरव के नहीं हैं। गौरव का क्रेडिट कार्ड, पॉकेट मनी सब पापाजी भर ही तो रहे हैं।

रुद्र उससे बात करके निकल गया। श्रुति की पार्टी पूरे शबाब पर थी। हाँ, अरविन्द मय फ़ैमिली पहुँचा हुआ था। पापा जी ने बहुत अच्छे से वेलकम किया। फ़ोटो सेशन के वक़्त अरविन्द के बगल में श्रुति को भी खड़ा कर दिया गया। अरविन्द की मम्मीजी तो श्रुति को हाथ पकड़ कर यही कहती रहीं, हम तो बहुत ही लकी हैं, हमें हुसैन साहब जैसी बहू मिली है।

कुछ नेताओं, कुछ अभिनेताओं और पेज थ्री के सेलिब्रिटीज़ के बीच ख़ूब फ़ोटो खींचे गये। पीआर को विशेष आदेश था, कल के सभी इंग्लिश पेपर में ज़बर्दस्त कवरेज़ होनी चाहिए। पापाजी श्रुति की शादी के बाद एक बार फिर गदगदायमान नज़र आ रहे थे।

कुछ तस्वीरों में गौरव को भी शामिल किया गया। इति हर समय श्रुति के साथ थी, ज़ाहिर था वह हर किसी की निगाह में थी।

पार्टी के बाद पापा ने अनाउंस कर दिया, 'अरविन्द बेटा, हमारी नोएडा वाली प्रॉपर्टी तैयार हो गयी है। आप उसमें श्रुति के साथ रहिए न। श्रुति आगे कुछ कोर्स भी करने को कह रही है, दिल्ली से।'

अरविन्द ने भी 'जी' कह दिया।

यानी पापा ने एक पत्थर से कई सारे आम तोड़ लिये।

बस एक आम नीचे गिरते ही फट पड़ा।

पापाजी नहीं देख पाये कि इति के चेहरे का रंग बदल गया है। गौरव ने देख लिया। उसे भी अजीब लगा। नोएडा का घर श्रुति और अरविन्द के नाम? इतनी जल्दी क्या थी?

श्रुति को शायद इन सब बातों से कोई फ़र्क़ नहीं पड़ रहा था। आज उसका दिन था।

'मैं पापा से बात करूँगी!'

'इतनी जल्दी क्या है? आराम से कीजिएगा। आज करेंगी, तो ग़लत मैसेज जायेगा।'

'गौरव, पता नहीं तुम समझ भी रहे हो या नहीं। पापा हमारे नाम से बिज़नेस ज़रूर करते हैं, पर बिज़नेस में हमारा कंट्रोल नहीं है। नोएडा में इतनी बड़ी प्रॉपर्टी...श्रुति के नाम।'

'ऐसा तो नहीं कहा पापा जी ने। वह तो बस तुम्हारी सिस्टर और अरविन्द को साथ रहने को कह रहे थे।'

'मतलब तो यही हुआ न? आइ डोंट नो, पापा क्या सोच रहे हैं, उनका मोडस ऑपरेंडी क्या है? पर मुझे सही नहीं लग रहा। ऐसा है तो हमें भी अलग घर ख़रीद कर दे। यह फ़्लैट इस लायक है कि हम सब रह सकें? बाहर वह चमगादड़ से सिक्योरिटी गार्ड कितने आउट ऑफ़ प्लेस लगते हैं... '

गौरव ने अचानक कहा, 'बेबी, एक बात बताइए...हम अपना भी कुछ बिजनेस करें क्या?'

इति ने चौंककर उसकी तरफ़ देखा, 'क्या सोच रहे हो?'

'कुछ है दिमाग़ में। बताइए...'

'ओके, देखो गौरव, पैसा मत डुबाना। झेल नहीं पाऊँगी।'

गौरव चौंका। इति ने पैसे की बात की थी, ऑनेस्टी की नहीं।

अभी तक कॉमनवेल्थ गेम में उनका लगा पैसा वापस नहीं आया था। पापाजी ने क़रीब तीन करोड़ लगाये। रुद्र ने कहा था सभी पेपर्स टंच हैं, पेमेंट का प्रोसेस शुरू हो गया है। सिंह साहब के पास गया है साइन के लिए। पापाजी गौरव से ही हर रोज़ दो दफे नियम से कहते कि फौलो अप करो, तेज़ी से, सिर्फ़ रुद्र पर डिपेंड होकर मत रहो।

गौरव ने रुद्र से कभी इस बारे में बात नहीं की। अन्दाज़ था कि पापा ने दूसरे सोर्स भी लगाये होंगे पेमेंट के लिए। शाम पार्टी में भी पापा रुद्र से ज़रा दूर–दूर से मिले। दरअसल उसे इन्वाइट भी गौरव ने ही किया था। पापाजी ने कहा था, अपने बिज़नेस एसोसिएट को बुला लो। उसमें रुद्र को बुलाना तो बनता था।

इति सोने चली गयी। गौरव को नींद नहीं आयी। कमरे का दरवाज़ा खोलकर बाहर आया। ड्राइंग रूम में टेबललैम्प की हल्की–सी रोशनी जल रही थी। एक साया सिमटा हुआ सा।

गौरव को देखकर साया एकदम से खड़ा हो गया।

'जीजू, डरा दिया आपने।'

'हमने डराया...आधी रात को ड्राइंग रूम में यूँ लहराते हुए बैठेंगी आप और कहेंगी हमने डराया?'

'मुझे नींद नहीं आ रही...अजीब–सा लग रहा है...एक्साइटिंग, थ्रिलिंग...'

'चलिए, निबट गये आपके एग्जीबिशन से। बढ़िया रहा।'

'ऑसम... टू गुड।'

'तो आप अपने मिस्टर के साथ नोएडा रहेंगी अब।'

श्रुति के चेहरे पर हलकी–सी परेशानी दिखी, 'पापा के सामने कुछ कहा नहीं हमने।'

'बात हुई...कलेक्टर से?'

'सॉर्ट ऑफ़। हाय, हैलो, टाइप।'

'वह मोहतरमा नहीं आयी। क्या नाम है...'

'लिज़...नहीं, दिल्ली में नहीं हैं। अमेरिका गयी हैं।'

'चलिए, अच्छा ही हुआ नहीं आयी।'

'इसमें अच्छा होने की क्या बात है?'

'अरे, आपके इनलॉज, पापाजी...उनके सामने सीन क्रिएट करने से तो बच गयीं न?'

श्रुति ने कुछ कहा नहीं, अचानक बोली, 'जीजू, चाय पियेंगे। बनाऊँ?'

गौरव ने सिर हिलाया और सोफ़े पर फैल कर बैठ गया।

श्रुति उठ गयी। दस मिनट बाद जब वह चाय लेकर आयी, तो गौरव सोफ़े पर ही लुढ़क चुका था, गहरी नींद में...

क्या चाहता है रुद्र? समझ नहीं आया। एक कम्पनी बना लो गौरव, सब कम्पनी। काम तो वही करना है जो कर रहे हो बन्धु, बस आधा माल अपनी कम्पनी के नाम से सप्लाई करोगे।

'फिर इसमें हमारा बिज़नेस क्या हुआ रुद्र जी? काम तो हो ही रहा है न पहले से? कोई नया प्रोजेक्ट बताइए न...अभी तो कॉमनवेल्थ गेम्स भी ओवर हो गया है...'

रुद्र गौरव की तरफ़ देखता हुआ सिगरेट पीता रहा। अचानक उसने पूछा, 'आप न्यूज़ वगैरह देखते हैं कि नहीं?'

'अरे क्या पूछ रहे हैं? बिहार के हैं, न्यूज़ तो हमारा नस–नस में है। न देखें तो खाना हज़म नहीं होता...'

'फिर ऐसे चुटकुला टाइप बात क्यों कर रहे हैं?'

गौरव को समझ आ गया कि तगड़ा वाला कमेंट मारा है रुद्र ने।

'गौरव, इसमें समझने जैसी बात कुछ भी नहीं है। बस आप अपना प्रोफिट डबल कीजिए, रुके हुए पैसे निकालने के लिए अपने नाम की कम्पनी बनाइए। कुछ उसमें डालिए, कुछ इसमें। नहीं समझे। उमेश सिंह जी से मिले हो। तुम्हारे फ़ादर इन लॉ मिले थे लास्ट वीक। लगता है उनको मुझ पर यक़ीन नहीं रहा। अन्दर की बात बता रहे हैं गौरव जी, बहुत बड़े ट्रबल में फँसने वाले हैं सिंह साहब। मैं तो आपके पैसे निकालने का तरीक़ा बता रहा हूँ। मेरी बात मानोगे तो फ़ायदे में रहोगे... '

'सुना तो हमने भी है। तो क्या हमारे पैसे डूबने जा रहे हैं?'

'कह नहीं सकते। आप पता करते रहिए। मेरा आइडिया सही लग रहा है, तो बता दीजिए, आगे काम शुरू करते हैं।'

रुद्र से मिलने के बाद गौरव की बेचैनी बढ़ गयी। पापाजी के पैसे डूबने का मतलब है उसकी और इति की कम्पनी का बंटाधार होना। पापाजी अपनी तरफ़ से सबसे मिल रहे हैं, उसे बताया तक नहीं।

गुड़गाँव से इंडिया गेट पहुँचने के बाद उसने अपनी होंडा सिटी को कनॉट प्लेस की तरफ़ ले लिया। उसका पुराना पसन्दीदा बार गैलार्ड।

रेस्तराँ की आन–बान–शान ख़तरे में है। पर आज भी पुराने प्रेमी, घाघ दिल्लीवाले शामें ग़लत करने यहीं आते हैं।

गौरव रेस्तराँ में आ गया। अपने लिए बियर ऑर्डर की। न जाने क्या सोचकर उसने ममता को फ़ोन लगाया।

'कहाँ है ममता जी?'

'क्या बात है जानेमन? इस समय मेरी याद कैसे आ गयी? हम वहीं हैं जहाँ होना चाहिए। मंडी हाउस के आसपास।'

'शाबाशी लीजिए और फ़ौरन ऑटो पकड़कर गैलार्ड आ जाइये। हमने बियर की बोतल खोली नहीं है अभी।'

ममता ने फ़ोन रख दिया। गौरव को पता था अगले दसवें मिनट में वह रेस्तराँ के अन्दर होगी।

श्रुति के एग्जीबिशन वाली पार्टी में ममता भी आयी थी। काले रंग की नेट की साड़ी और बेहद खुले वाले ब्लाउज़ में। अपने बाल अजीब रंग और ढंग में रंगवा लिये थे। कुल मिलाकर बंजारन और बोहेमियन का मिलाजुला रूप लगती थी।

जब श्रुति के सामने घर छोड़कर कहाँ रहे वाली प्रॉब्लम आयी, तो गौरव चकरघिन्नी खा गया। फिर याद आयी ममता की और उसके विजिटिंग कार्ड की। उससे मिलने गया, श्रुति को पेइंग गेस्ट रखने को कहा और वह मान गयी। यही नहीं, वह सुमित और उदित को भी झेलने को तैयार हो गयी। आउटगोइंग और आवारा टाइप लगती थी ममता, पर यह सिर्फ़ उसका बाहर का बुलेटप्रूफ टाइप कवच था। सिंसियर और मस्तमौला टाइप की लड़की निकली। कुछ ऐसी कि जेब में एक्को पैसा नहीं, पर कहीं से भी मैनेज कर घर आये गेस्ट के लिए चाइनीज़ मँगवा देगी।

गौरव उसे श्रुति को रखने के लिए हैंडसम पैसे देता। ममता अक्सर लेने से इनकार कर देती। गौरव को ज़बर्दस्ती देना पड़ता। दिख रहा था कि ममता की इतनी इनकम नहीं थी कि यारी–दोस्ती में इतने पैसे ख़र्च कर दे। अपने काम–से–काम रखती, कभी सवाल नहीं किया श्रुति यहाँ रहने क्यों आयी है? श्रुति को वी.आई.पी. ट्रीटमेंट भी नहीं दिया। लम्बी दोस्ती वाली टाइप निकली ममता।

दस मिनट। और ममता हाज़िर। हाँफते हुए, दनदनाते हुए, मस्ती में, अपनी हस्ती में, हक़ से, अदा से, कुछ बिखरी–सी, कुछ सँवरी–सी...

'ला बे, ठण्डी बियर पिला...'

बियर का गटागट चार–पाँच घूँट गटकने के बाद ममता सीधी बैठ गयी। गौरव की तरफ़ घूरती हुई बोली, 'जानेमन, अन्दर की बातें जल्दी से उगल। बियर पिलाने के लिए तो नहीं बुलाया है मुझे।'

'अन्तर्यामी हो ममता माँ। हमारे दिल की बतिया सुनाई दे गयी क्या?'

'अब बको भी। भूलो मत। सीनियर हूँ तुम्हारी। ज़रा अदब से।'

गौरव ने सामने प्लेट में रखी कुरकुरी मूँगफली के दाने उठाकर तसल्ली से चबाये, फिर चेयर पर ठीक से जमते हुए बोला, 'ममता, बिजनेस में हमारी पार्टनर बनोगी?'

'ऐं... क्या हुआ, मिसेज़ से लड़ाई हो गयी क्या?'

'चुतियापन्ती का बात...। ठीक से सुनकर जवाब दीजिए। हम अपना बिजनेस शुरू करने वाले हैं, हमें एक ठो पार्टनर चाहिए, ऑनेस्ट टाइप। इति से कोई लड़ाई–उड़ाई नहीं है, उसके साथ तो पहले से फादर इन लॉ बिजनेस कर ही न रहे हैं।...'

ममता ने सोचा, बियर गटकती रही। फिर अपना राइट हैंड आगे करते हुए कहा, 'डन। पार्टनर्स।'

गौरव ने जोश से उसका हाथ थाम लिया, 'सही में, जवाब नहीं है तुम्हारा। यू आर सिंपली ग्रेट।'

ममता मुस्करायी, 'सही बात है। हम यारों के यार हैं गौरव। अन्त तक साथ निभायेंगे तुम्हारा।'

गौरव किस खेत की मूली है? मूली है या गाजर है, या होली के टाइम पर चबर–चबर बकरियों को पसन्द चना बूट। शान है भई अपना बिज़नेस शुरू करने में। अपने नाम की कम्पनी। वाह वाह, वाह वाह!

जी.एम. एंटरप्राइज। मन ही मन इत्ता ख़ुश कि पूछियो ही न। बस, एक ही प्रॉब्लम है। खुल कर ख़ुशियाँ नहीं मना सकता। पार्टी दे रहा है। पर कह नहीं पा रहा कि रीजन ये है...हमहूँ बन गये हैं एक ठो कम्पनी के मालिक!

बस अपनी धमाचौकड़ी को जमा कर लिया है यानी श्रुति, इति, उदित, सुमित, मिट्ठू, उसकी गर्लफ्रेंड टीना और ममता। रीजन कुछ नहीं। बस ऐसे ही। मौजमस्ती का मन है भई। काहे इतना सवाल पूछ रहे हो? पार्टी के लिए रीजन काहे होना चाहिए? ऐसे ही, बस मूड बन गया।

नोएडा में अट्टा मार्केट में पंजाबी बाय नेचर के फ़र्स्ट फ़्लोर पर मण्डली जमी है। श्रुति को लग रहा है यह उसके एग्जीबिशन का आफ़्टर अफ़ेक्ट है। उदित और सुमित तो वैसे ही पगलैट टाइप हैं। दोनों को लग रहा है उनकी बॉडीगार्डिंग का सु–फल है। इति को लग रहा है गौरव उसके मरहम पर मक्खन लगा रहा है। मियाँ मिट्ठू तो इसी मुग़ालते में मरा जा रहा है कि गौरव जीजू उसकी हॉट गर्लफ्रेंड टीना के ऑनर में पार्टी दे रहे हैं। बस सच पता है ममता को। गौरव को डर है कि दो पेग के बाद वह ममतामयी रूप को छोड़ सीरियल की कॉन्सपरेसी करने वाली बहू बन कर सच न उगल दे।

सब ठीक चल रहा है पार्टी में। सबके अपने–अपने रीजन। सबही ख़ुश। सबके हाथ में जाम। हाथ में आम।

गौरव को उम्मीद नहीं थी कि झगड़ा इस बात पर होगा।

सुमित को चढ़ गयी। ताड़ने और उजाड़ने के लिए सबसे सही वक़्त होता है, जब आदमी को चढ़ी हुई होती है। टीना को लेकर उसने जोक मारना शुरू किया। सब हँसने लगे, टीना भी। पर मिट्ठू को हँसी नहीं आयी। उसने हाथ का बियर का गिलास सुमित के मुँह पर फेंक दिया।

सबकी हँसी रुक गयी। गौरव ने इंटरफेयर किया, 'मिट्ठू, क्या हरकत है?'

'जीजू, इस ऐसहोल ने मेरी गर्लफ्रेंड पर कमेंट किया, यह कोई हरकत नहीं हुई?'

'तो बात करनी थी न यार।'

'जीजू, मन तो कर रहा है इसके मुँह पर मुक्का मार दूँ। आपका लिहाज़ करके चुप हूँ।'

मिट्ठू ने यह कहा ही था कि उदित ने वाक़ई उसके चेहरे पर घूंसा जड़ दिया।

इति ज़ोर से चिल्लाई, 'गौरव, बिल पे करो और चलो यहाँ से। इन लोगों की तो औक़ात ही नहीं है साथ चलने की। रबिश।'

गौरव के उठने–उठने तक मिट्ठू ने भी हाथ चला दिया। टीना चीखी। श्रुति कलटी मार कर पीछे हो ली। इति गौरव को खींचने लगी। इस अफ़रा–तफ़री में बस एक ही बन्दा था जो सुकून से, बिना किसी परेशानी के अपना जाम खाली कर रहा था–ममता!

आसपास शोर–सा मच गया। कुछ उठे, कुछ बैठे। कुछ पास आ

गये। किसी तरह सब होटल से बाहर आये। गौरव चाहता था एक कोने में खड़े होकर तीनों लम्पट ब्रदर्स की धुनाई करें, लेडीज़ साथ में हो तो ऐसा करते हैं। पर उस समय क्या लेडीज, क्या जेंट्स? इति उसे छोड़ ही नहीं रही थी। किसी तरह ममता, उदित, सुमित को टैक्सी में रवाना किया, मिट्ठू अपनी बाइक पर टीना के साथ और गौरव इति और श्रुति के साथ लौट के बुद्धू घर को।

अगले दिन सुबह–सुबह पापा के फ़ोन कॉल से गौरव की नींद खुली। पापा डाँट रहे थे, ये नोएडा के होटल में हंगामा की क्या न्यूज़ है? ऐसी ग़ैर–ज़िम्मेदाराना हरकत?

गौरव अभी भी नींद में था, उसने 'जी पापाजी' कहते हुए डाँट खा ली। पापा ने इति को भी ख़ूब लताड़ा कि बिना सिक्योरिटी के वह और श्रुति लम्पटों के साथ होटल कैसे चली गयी?

पापाजी यहीं शान्त नहीं हुए। दोपहर बाद फिर से फ़ोन किया। अब गौरव को ख़ूब लताड़ते हुए सुनाया, 'बिज़नेस तो सँभाला नहीं जाता तुमसे। पता भी है कितने पैसे डूब गये हैं? एक स्साला काम ठीक से नहीं होता तुमसे। बस यही करते रहो, पार्टी–शार्टी। ख़बरदार जो आगे से बिना मेरी इजाज़त के कहीं लेकर गये मेरी बेटियों को। सुबह से पक गया हूँ। देखो न्यूज़ चैनल खोलकर। कितना नाम हो रहा है मेरा। मन्त्री जी के दामाद और बेटियों का होटल में हंगामा...'

कब किसने क्यों शूट कर लिया और चैनल पर चलवा भी दिया? गौरव चुपचाप बालकनी में जाकर बैठ गया। पहले श्रुति आयी उसके पास, अदरक की कड़क चाय लेकर, 'जीजू, इतना अपसेट नहीं होते। आपकी कोई ग़लती थोड़े ही थी।'

पता नहीं क्यों गौरव की आँखें भर आयीं।

श्रुति एकदम हिल गयी, 'जीजू कोई बात हो गयी क्या?'

गौरव ने कुछ कहा नहीं। श्रुति दौड़ कर इति के पास गयी, 'जल्दी चलो, जीजू रो रहे हैं।'

इति आयी, गौरव का हाथ पकड़कर बोली, 'देखो न, चैनल वालों को कोई काम ही नहीं है। पापा कितने अपसेट हो रहे हैं।'

गौरव एकदम से फट पड़ा, 'पापाजी अपसेट हो रहे हैं? किस बात से? हमारी इनसल्ट करके?'

इति की आवाज़ ठण्डी पड़ गयी, 'पता है गौरव, अपसेट हो तुम। पापा गुस्से में थे। उनकी कितनी बड़ी स्टेक है? बिज़नेस का हाल भी ठीक नहीं है। सब एक साथ...'

अचानक गौरव खड़ा हो गया। हाथ का कप ज़मीन पर फेंककर वह घर से बाहर निकल गया।

गौरव को समझ नहीं आया, रुद्र उसे क्या समझा रहा है। बस उसे एक बात समझ में आयी कि उनकी कम्पनी सी.बी.आई की राडार में है। जिन कम्पनियों की वजह से उमेश सिंह को प्रोफिट हुआ है, उसमें उनकी कम्पनी का नाम भी है। इति और गौरव डायरेक्टर्स हैं, इसलिए कभी भी उन पर गाज गिर सकती है।

'मेरे अन्दर के सोर्स बता रहे हैं कि तुम्हारे फ़ादर इन लॉ ने उमेश सिंह से सेटिंग कर रखी थी। कम्पनी उनके नाम पर नहीं है, पर उनकी बेटी का नाम इन्वॉल्वड है, आइ थिंक तुम्हें अपने फ़ादर इन लॉ से बात करनी चाहिए। देयर कुड वी अ मेजर प्रॉब्लम।'

गौरव ने सिर को झटकाया। पापाजी से बात। नो, नेवर। मरने दो स्साले को।

लेकिन मरना तो इति और उसे पड़ेगा, जिनके नाम पर कम्पनी है!

रुद्र के ऑफ़िस से ही उसने इति को फ़ोन लगाया, जितना समझ में आया, उसे बताया। इति तो इसी बात पर बिलट गयी कि पापा किसी से मिले हुए नहीं हैं। उल्टे उन्हें तगड़ा लॉस हो गया है। तुम्हें जो भी कहना है, पापा से कहना। कल आ रहे हैं लखनऊ से।

गौरव ने मोबाइल पटक दिया। रुद्र ने समझाया, 'तुम एक काम करो। फ़ौरन इस कम्पनी में जितना भी बैलेंस है, अपनी कम्पनी में शिफ्ट करो। चेक तो तुम्हारे नाम का भी चलता है न। कोई बोगस बिल जमा करो। दो–चार दिन में सब ठीक कर लेंगे।'

'रुद्र भाई, जिस तरह से डिस्क्राइब कर रहे हैं, उससे तो लगता है सुनामी–उनामी टाइप कुछ आने वाला है।'

रुद्र ने गम्भीरता से कहा, 'बहुत बड़ा घोटाला हुआ है। तुम्हें अन्दाज़ नहीं है। बहुत लोग नपेंगे...सब...बुरा टाइम है।'

बुरा टाइम...दिल पर जैसे चिपक गया। थोड़ा–सा डर भी। ऐसे काम

में हाथ लगा लिया, जिसकी बहुत ज़्यादा समझ नहीं है। इससे पहले भी पाँचेक लाख का घाटा उठा चुका था, पर उस समय उसे डिसीजन लेना था। यहाँ तो क्या हो रहा है, पल्ले ही नहीं पड़ रहा।

रुद्र के पास से निकलने के बाद गौरव को घर जाने का मन नहीं किया। सीधे वह ममता के पास चला गया।

उदित और सुमित भी वहाँ थे। दोनों पहले तो डर गये कि भाई उनकी बजाने आया है। पर भाई तो ख़ुद बजा हुआ बजबजा रहा था। ममता ने तीनों दुखियारों के लिए मटर बिरयानी बना दी। खा–पीकर गौरव को नींद आ गयी। ड्राइंग रूम में लुढ़क गया।

शाम को नींद खुली इति के फ़ोन कॉल से।

इति कुछ गुस्से में लग रही थी, 'तुम कहाँ हो?'

'बाहर, काम से...'

'किस काम से? अगर अपनी कम्पनी के काम से बाहर हो, तो मुझे बताना चाहिए न... सच्ची बताओ गौरव...कम्पनी के अकाउंट में कुछ गड़बड़ किये हो क्या?'

गौरव चौंककर बैठ गया, 'क्या कह रही हो? हम ऐसा क्यों करेंगे?'

'पापा का फ़ोन आया था। वे कह रहे थे कि...अच्छा सुनो, बात हमारी भी पूरी तरह समझ नहीं आयी है। पर पापा बता रहे थे कि रुद्र कुछ डबल गेम खेल रहा है और उसने तुमको ख़रीद लिया है...अपनी तरफ़ मिला लिया है...बताओ, ऐसा कुछ है क्या?'

'अरे नहीं...ऐसा कुछ नहीं है। हमें भी पता है एक नम्बर का हरामी है रुद्र। क्या हम बच्चे हैं जो किसी की बात में आ जायेंगे?'

'पापा से यही कहा मैंने। पर वे...तुम कोई ग़लत काम तो नहीं कर रहे हो न...'

'क्या इति... एक ही बात बार–बार क्यों पूछ रही हो?'

'अच्छा, अभी कहाँ हो?'

'ममता जी के घर में...'

'वहाँ क्या कर रहे हो?'

'सुमित और उदित को लप्पड़ मारने आये थे। खाना यहीं खा लिया, बस अभी चल पड़ेंगे यहाँ से...'

'अच्छा, घर आ जाओ...'

'बस, निकल ही रहे हैं अभी...'

गौरव का दिमाग़ बजने लगा। पापाजी को क्या पता लग गया? कि उसने आज लगभग दो करोड़ रुपये कम्पनी–टू–कम्पनी ट्रांसफर किया है...अपने आप पर गुस्सा आने लगा, सिर्फ़ रुद्र के कहने पर ऐसा क्यों कर दिया उसने...

मन हुआ कि इति को फ़ोन करके तुरन्त बता दे...पर इत्मीनान और रीजन सहित बताना होगा, वरना पठ्ठी आउट ऑफ़ कंट्रोल हो जायेगी...

उदित चाय बना लाया। गौरव टेंशन झटक तसल्ली से चाय पीने लगा।

आधा घण्टा भी नहीं बीता कि फ़्लैट की घण्टी बजने लगी। ममता दरवाज़ा खोलने गयी। सामने श्रुति खड़ी थी और उसके पीछे इति...

श्रुति नॉर्मल लग रही थी और इति अपसेट।

श्रुति ममता के घर में एट ईज थी, और इति एट टीज...

गौरव ने इति की तरफ़ देखकर उठते हुए कहा, 'अरे, हम आ ही रहे थे... क्या कोई ख़ास बात हो गयी क्या?'

इति ने अपना हैंडबैग खोला और कुछ काग़ज़ निकाले, फ़ैक्स थे...

'गौरव, हमें अभी इसका आंसर चाहिए। पापा ने फ़ैक्स किया है... देखकर जवाब दो...'

काग़ज़ हाथ में आते ही गौरव के चेहरे का रंग बदल गया। उसकी कम्पनी जी.एम. के पेपर्स, डायरेक्टर्स में उसका और ममता का नाम, साथ बैंक से हुए ट्रांजेक्शन की कॉपी...

गौरव ने धीरे–से इति का हाथ थामकर कहा, 'घर चल कर बतायेंगे न आपको पूरी बात...'

इति ने उसका हाथ झटक दिया, 'पापा सही कह रहे थे, तुम फ्रॉड कर रहे हो हमारे साथ। तुमने पापा के पैसे को अपने अकाउंट में ट्रांसफर कर लिया है...ह्वाट इज़ दिस...'

'आराम से बात करेंगे न इति...'

'आराम से। कब अगले साल? दस साल बाद...मुझे अभी बताओ... मैंने पापा से कहा है उन्हें कोई ग़लतफ़हमी हुई है। गौरव ऐसा नहीं कर सकता। गौरव प्लीज़, मेरा विश्वास मत तोड़ना...आइ विल डाई...'वह हिस्टीरिक होकर रोने लगी।

'बेबी, हमारी बात तो सुनिये... हमने कुछ गलत नहीं किया है...'

'फिर ये दूसरी कम्पनी। ममता के साथ। मुझे बताये बिना। तुम हमको छोड़ने की सोच रहे हो न गौरव...'

'नहीं, नहीं,' अब गौरव के मुँह से चीख़ निकल गयी।

'फिर? तुम्हारी हरकतें तो यही चुगली कर रही हैं? एक्सप्लेन...'

'आई बिल...'

'नाऊ...'

गौरव खड़ा हो गया। एकदम से तेज़ चहलकदमी करने लगा।

कमरे में जमा दूसरे लोग उठकर अन्दर चले गये। बस श्रुति रह गयी। श्रुति ने कहा, 'दी, तुम जीजू का प्वाइंट ऑफ़ व्यू सुने बिना क्यों फ़तवा दे रही हो? लेट हिम स्पीक...'

'श्रुति, कुछ नहीं है गौरव के पास कहने के लिए। फ्रॉम द बिगनिंग उसने सिर्फ़ फ्रॉड का सहारा लिया है। गौरव ने ही बताया है न ममता उसकी गर्ल फ्रेंड थी...उसके साथ कम्पनी खोल ली, सारे पैसे हड़प लिए. ..ही वाज आलवेज टू टाइमिंग मी...'

गौरव ने धीरे–से कहा, 'गलत समझ रही हैं आप, हम जो भी कर रहे हैं आपके लिए, आपकी फैमिली की सोच कर कर रहे हैं। रुद्र ने बताया था, पापा की कम्पनी डोलड्रम्स में है...रुद्र ने...'

'रुद्र, रुद्र...कुछ देर पहले कहा था तुमने कि वो एक नम्बर का हरामी है...उसकी बातों में कैसे आ गये तुम? तुम मिले हुए हो उससे...' इति फुँफकार कर बोली।

गौरव समझाने आगे आया, इति ने आगे बढ़कर उसके दायें गाल पर एक थप्पड़ जमा दिया।

आवाज़ ज़ोरदार थी। सबकुछ ख़त्म होने की आवाज़। इसके बाद न कहने के लिए कुछ रहा, न सुनने के लिए।

दोपहर के दो बज रहे थे। गौरव सुबह से रुद्र के ऑफ़िस में था। सैटरडे की वजह से बैंक का कैश सेक्शन बन्द था। गौरव ने पहले तो रुद्र से ख़ूब लड़ाई की, उसने ज़बर्दस्ती फँसाया है। न वह अलग कम्पनी बनाता, न पापाजी उसे ट्रेटर मानते।

पापाजी ने रुद्र को फ़ोन कर कहा था कि वे दो बजे उससे मिलेंगे। रुद्र ने पहले दलील दी, सिंह के घपलों का वास्ता दिया, फिर बदतमीज़ी

पर उतर आया। उसने सीधे–सीधे अपनी दराज से गन निकालकर मेज़ पर रख दी, आँखों में धूर्तता वाली चमक।

गौरव को पहली बार थोड़ा–सा डर लगा। पापा की क्वालिस रुद्र के ऑफ़िस के सामने लग चुकी थी। ओह शिट, पापाजी के साथ अरविन्द। ये क्यों आ गया...पीछे पापा के गनर और गार्ड।

पापा लगभग दहाड़ते से चलकर ऑफ़िस के अन्दर आ रहे थे।

गौरव खिड़की के पास से हट गया। अरविन्द के सामने पापा को सफ़ाई देना मुश्किल होगा। रात भर वह सोया नहीं था, ममता के घर में ही था। टेंशन से सिर फटा जा रहा था। सुबह से बस उसने एक कप चाय पी थी। इस समय पूरा शरीर थरथरा रहा था, लग रहा था वह अपने होश खोने की कगार पर है...

पापा ने कमरे में आते ही रुद्र को गालियाँ बकनी शुरू कीं। रुद्र ने जवाब में उससे भी गन्दी गाली निकाल दी। अरविन्द बीचबचाव करने लगा।

पापा की नज़र गौरव पर पड़ी और वे उसकी तरफ़ आये, मुट्ठियाँ तानते हुए, 'मैंने समझाया था इति को इस दो कौड़ी के आदमी से शादी मत कर। दिखा दी न अपनी जात!'

पापाजी शायद उस पर हाथ–पाँव चला ही देते, पीछे से अरविन्द और उसके इशारे पर उनके गार्ड ने पापा को पीछे खींच लिया। इस बार पापा पलटे और रुद्र का कॉलर पकड़ लिया। कौन किससे गुत्थमगुत्था हो रहा है, यह पता ही नहीं चला।

रुद्र शायद अपनी गन उठाने की कोशिश कर रहा था, गौरव ने देख लिया, बस उसने लपककर गन उठा ली।

रुद्र उसकी तरफ़ झपटा और....कहानी ख़त्म। पापाजी नीचे ज़मीन पर। ख़ून ही ख़ून। कोई चिल्लाया, कोई दौड़ा। गौरव को कुछ समझ नहीं आया। वह तो ज़मीन पर बस बैठा ही रहा, जब तक कि पुलिस नहीं आ गयी।

'ज़िन्दगी झण्ड हो गयी... सोचा था सब ठीक होगा, यहाँ तो सभी दाँव उलटे पड़ गये।'

कहते–कहते गौरव लगभग रोने ही लगा। सात साल की सजा। अब तक तो ज़िन्दगी मज़ाक़ करते–सुनते कटी थी। तिहाड़ को लेकर तमाम

चुटकुले। अब सच में हवा खाने पहुँच गया है ससुराल।

छह महीने में हुलिया बदल गया है गौरव का। तपा हुआ गोरा रंग, पक कर साँवला हो चला है। बढ़ी हुई दाढ़ी, आँखों के नीचे काले गहरे गड्ढे, पिचके से गाल, उभरी हुई गले की हड्डी। बहुत थका–सा और ऊबा–सा।

'जीजू...आप इस तरह टूटने लगेंगे तो कैसे चलेगा?'

'इति नहीं आयी न...मेरी बात पहुँचाई थी न...हम बहुत मिस करते हैं उसे...बहुत गिल्टी फील करते हैं...हमने बहुत ही गलत किया।'

'समझाया है उसे मैंने भी, अरविन्द ने भी। थोड़ा वक़्त लगेगा। सँभल जायेगी।'

'कहाँ रहती है इति? कोई है उसके पास।'

'दी नोएडा वाले घर में आने को तैयार नहीं। अकेली रहती हैं। कुछ दिन मिट्ठू अपनी वाइफ़ के साथ रहता था उनके साथ। पिछली बार मैंने बताया था न आपको। मिठ्ठू ने शादी कर ली है। अरेंज्ड मैरिज। लास्ट वीक बैंगलुरू चला गया। मम्मी कभी–कभी मिलने जाती हैं इति से।'

'सात साल...पता नहीं कैसे रहेंगे यहाँ...'

'आप पिछली बार कह रहे थे न, कुछ लिख रहे हैं...नॉवेल।'

'टाइम बहुत है यहाँ। टी.वी. देखने का जी नहीं करता। अपनी सेल में बैठे रहते हैं, कभी कुछ लिख लेते हैं।'

'जीजू, आप अपनी हैल्थ का भी कुछ कीजिए। ख़याल रखिए।'

'अच्छा, कोशिश करेंगे। मम्मी जी भी नाराज़ हैं न हमसे?'

'कुछ कहती नहीं मम्मी। बस इति के लिए परेशान रहती हैं।'

'आपको कोई हमसे मिलने से मना तो नहीं करता?'

'नहीं...अच्छा उदित और सुमित आये थे न आपसे मिलने...'

'हाँ, आ जाते हैं, कभी–कभी।'

'जीजू, मैं जाऊँ। आपके लिए कुछ किताबें, खाने–पीने की चीज़ें, दवाइयाँ और कपड़े लायी हूँ। और कुछ।'

गौरव ने सिर हिला दिया।

श्रुति ने धीरे–से गौरव के हाथ पर अपना मुलायम वाला हाथ रखा। थोड़ी इमोशनल होकर बोली, 'जीजू, ये टाइम भी कट जायेगा। बस, आप स्ट्रॉन्ग रहिए।'

गौरव की आँखें एकदम से भर आयीं, उसने अपने आँसू पीते हुए कहा, 'आप कब आयेंगी नेक्स्ट? प्लीज़ इति को बोलिए, एक बार आये।

हम कैसे अपनी बात पहुँचायें? हम उनसे बहुत लव करते हैं... '

श्रुति ने हाँ में सिर हिलाया और पलटकर चली गयी।

दोपहर हो रही थी। एक लम्बा दिन आधा बीत गया। अब ऐसे ही दिन काटने हैं।

गर्मी की उमस वाले दिन। गौरव को सुबह ही पता था कि आज श्रुति उससे मिलने आ रही है, पूरे सात महीने बाद...

दोपहर बाद बुलावा आया। वेटिंग रूम में श्रुति के साथ–साथ अरविन्द भी था। गौरव थोड़ा–सा सकपकाया। अरविन्द ने आगे बढ़कर गौरव से हाथ मिलाया।

श्रुति ने अपने हाथ में थमा बैग गौरव को पकड़ा दिया। हमेशा की तरह ज़रूरत की चीज़ें।

अरविन्द का रुतबा था। तुरन्त चाय आ गयी। उसके सामने गौरव श्रुति से क्या पूछे?

श्रुति ने शुरू किया, 'जीजू, आपका नॉवेल कहाँ तक पहुँचा...'

'बस, जब मन करता है, लिख लेते हैं...'

श्रुति ने अरविन्द की तरफ़ मुड़कर कहा, 'जीजू, एक सस्पेंस थ्रिलर लिख रहे हैं। पिछली बार प्लॉट डिस्कस कर रहे थे...'

'दैट्स नाइस!' अरविन्द ने गौरव से हाथ मिलाते हुए कहा।

गौरव ने श्रुति की तरफ़ देखा, ऑरेंज रंग का सूट, कानों में सोने की छोटी–सी बाली, माथे पर बिन्दी, हल्का–सा सिन्दूर। कितनी बड़ी–बड़ी और समझदार लगने लगी है श्रुति।

'आप पेंटिंग करती हैं?'

'कहाँ जीजू, टाइम ही नहीं मिलता, और अब ये...' अचानक उसका टोन बदल गया, 'क्या जीजू, आपने नोट भी नहीं किया। आइ एम प्रेग्नेंट।'

श्रुति की आँखें ही नहीं, पूरा शरीर दमक रहा था और अरविन्द के चेहरे पर एक अच्छी वाली स्माइल।

कॉंग्रेचुलेसन दोनों को। बहुत दिनों बाद अच्छी न्यूज सुनी। खुश रहिए...'

'जीजू, आपसे एक बात शेयर करनी थी। लास्ट टाइम आपको बताया था न रुद्र अपने ऑफ़िस में पंखे से लटक गया...सुसाइड। अरविन्द हाल

ही में राजू से मिले थे, वह आपके टाइम पर रुद्र के ऑफ़िस में काम करता था। उससे कई इनफॉर्मेशन मिली हैं। राजू दुबई चला गया था तीन साल पहले। अब लौटा है। अरविन्द को कुछ वाइटल बातें पता चली हैं, वह एक पेटिशन फ़ाइल कर रहे हैं, आपके फ़ेवर में...वकील कह रहा है, केस तगड़ा है हमारा। आप इनोसेंट प्रूव हो गये तो तुरन्त छूट जायेंगे।'

गौरव एहसानमन्द–सा सिर हिलाता रहा।

अरविन्द ने कहा, 'इट इज़ टू अर्ली। देखते हैं...'

श्रुति ने इधर–उधर की बात की, चलने को हुई तो गौरव ने पूछ लिया, 'इति कैसी है?'

'ठीक हैं दीदी। लास्ट वीक मिली थी। अब थोड़ा–बहुत घर से बाहर निकलने लगी हैं।'

'हमारी बात पहुँचाई थी...'

'यस जीजू। टाइम लगेगा उन्हें रियलाइज़ करने में। इट वाज़ एन एक्सीडेंट...अरविन्द तो थे न सीन में। उन्होंने इति, मम्मी सबको समझाया था...रुद्र की कान्सपरेसी थी...पापा को फँसाने की। जीजू, ये बातें आप समझा नहीं सकते। समझना पड़ता है...होप एक दिन...'

गौरव ने सिर हिलाया।

'जीजू, अब शायद मैं कुछ दिन नहीं आऊँगी। एक साल...डोंट नो। अपना ख़याल रखिए। कुछ चाहिए तो फ़ोन करवा दीजिए।'

गौरव ने श्रुति के सिर पर अपना हाथ रख दिया। ऐसी फ़ीलिंग होने लगी, जैसे बेटी को शादी कर विदा कर रहा हो।

2017

सुबह–सुबह ताज़ी हवा के झोंके की तरह जेलर ने न्यूज़ सुनाया, आने वाले संडे तुम रिहा हो रहे हो।

अन्दाज़ था गौरव को। कई दिनों से बात चल रही थी। उम्मीद थी, पर हर बार कोई अड़ंगा।

गौरव के चेहरे पर बस हल्की–सी मुस्कान आयी। पाँच साल। लगता है, पूरी ज़िन्दगी तिहाड़ में कट गयी। अब आदत भी हो गयी है। पहचाने हुए चेहरे। कुछ दोस्त, कुछ अजनबियों जैसे। जब से गौरव ने पढ़ाने का काम लिया है, उसका रुतबा बढ़ गया है। नयी उम्र के क़ैदी उसे गुरुजी या सरजी कहने लगे हैं।

श्रुति ने सुना तो हँसने लगी थी, 'आप और इंग्लिश पढ़ा रहे हैं।'

'हमारी इंगलिस का मजाक काहे उड़ा रही हैं? हमसे पढ़कर तो देखिए, क्या सही वाला ग्रामर सिखाते हैं...'

गौरव ख़ुद भी हँसने लगा था।

उस बार श्रुति अपने तीन साल के बेटे रूहान को लेकर आयी थी। पहली बार। रूहान उसे बड़े पापा कह रहा था। श्रुति और अरविन्द का मिलाजुला चेहरा।

श्रुति जानना चाह रही थी कि यहाँ से बाहर निकलने के बाद वह क्या करेगा?

गौरव को अचानक पैरों के नीचे की ज़मीन खिसकती–सी लगी। कितना भयानक सवाल है...

'नहीं सोचा। पता नहीं, ज़िन्दगी जिधर ले जाए...'

'आप तो यहाँ मोटिवेशनल क्लास भी चलाते हैं न...ऐसा ही कुछ कीजिए। नॉवेल लिखिए... '

गौरव ने सिर हिलाया।

'आपको एक और न्यूज़ देनी है। ममता दीदी ने शादी कर ली है। न्यूज़ चैनल में काम करते हैं उनके हस्बैंड। मुझे फ़ोन पर बताया था... बुलाया भी था अपनी शादी में। जा नहीं पाये...'

'मम्मी जी की हेल्थ ठीक है?'

'नहीं, जब से पैरालेटिक अटैक पड़ा है, बेड पर ही हैं। इम्प्रूवमेंट है, पर ज़्यादा नहीं। बस, रूहान को देखकर ख़ुश हो जाती हैं।'

'इति नहीं आती घर?'

'आती है, इन दिनों ज़्यादा आने लगी है। रूहान से बहुत दोस्ती है। लास्ट मंथ हम सब शिमला गये थे...'

गौरव रुक गया, सोचकर पूछा, 'इति याद करती है कभी। अकेली है। कोई नहीं है उसकी लाइफ़ में।...'

'जीजू...छोड़िए न...देखिए रूहान कुछ कह रहा है आपसे?'

'इति को पता है तुम यहाँ मिलने आती हो हमसे?'

'नहीं। आपके बारे में बात नहीं करते। न वह पूछती हैं, न मैं बताती हूँ। किसी का दिल क्यों दुखाऊँ?'

गौरव चुप रह गया। इतने सालों से जो वह श्रुति से लगातार कहता आ रहा है, इति के बारे में...उस तक वह बात ही नहीं पहुँची। शायद...अब

कोई रास्ता नहीं रहा, कोई रोशनी नहीं बची...

पंकज उम्र में उससे छोटा था। साइबर क्राइम में पकड़ा गया। चार साल की सज़ा। हर वक़्त गौरव के साथ लगा रहता। गुरुजी कहता था गौरव को। गौरव की गाथा भी बस उसी को पता थी। वह कहता था, 'देख लेना गुरु, जब तुम वापस घर जाओगे, भाभीजी तुम्हारा वेलकम करेंगी।'

'ऐसा क्यों लगता है बेटा? इति के पापा का मर्डर किया है हमने...'

'गुरु ये क्या, अपने मुँह से अपना जुर्म क़बूल रहो हो? साबित तो हो गया न, इट वाज़ एन एक्सीडेंट। वह काँइयाँ रुद्र झपटा था तुम्हारे ऊपर, हाथ चल गया तुम्हारा।'

गौरव ने कुछ कहा नहीं...

'अच्छा गुरु, ये रुद्र ने सुसाइड क्यों किया?'

गौरव ने फिर से 'नहीं पता' में सिर हिलाया।

'चलो गुरु, जो तुमको पता है, वही करो। इंग्लिश की क्लास लो।...'

'अच्छा गुरु, यहाँ से निकलकर कहाँ जाओगे? नोएडा।'

गौरव सोचते हुए बोलने लगा, 'बेटा, नोएडा जाते अच्छा लगेगा क्या? मदर इन लॉ भी नहीं रहीं। हमारी सिस्टर इन लॉ का घर है। जायेंगे तो अपनी वाइफ के पास ही न...'

'उनको पता है तुम आ रहे हो बोल के?'

'पंकज बेटा, बताया था न...पाँच साल से ऊपर हो गये हैं...हमको नहीं पता क्या होगा...'

'फिर...'

'सिस्टर इन लॉ को फ़ोन किये थे इधर से। बोली वह इति के पास जाकर स्टे करेगी। हम वहीं का नम्बर दिये हैं तिहाड़ में...'

'गुरु, हम तो तुमको बहुत मिस करने वाले हैं। एकदम अकेले पड़ जायेंगे।'

गौरव के चेहरे पर फीकी–सी स्माइल आयी, 'ठीक है बाबू, कहीं नहीं जमेगा, तो लौटकर यहीं आ जायेंगे...'

ममता का मिलने आना सच में अनएक्सपेक्टेड था। शुरू–शुरू में बहुत आती थी। पिछले कुछ सालों में कम होता चला गया। अपनी शादी के

बाद पहली बार आयी थी। सफ़ेद प्लाजो, सफ़ेद लम्बा कुरता। साथ में फुलकारी का रंगीन दुपट्टा।

गौरव के लिए बहुत ही प्लेसेंट सरप्राइज़...

'ममता माँ, हमें लगा भूल ही गयीं...'

'तुम कोई भूलने की चीज़ तो हो नहीं। क्या करें पार्टनर...आई. पी. एक्सटेंशन से स्साला बहुत दूर है तिहाड़। पूरा दिन लग जाता है आने–जाने में।'

'यस, सो तो है डियर। तुम्हारा मैरिज के बारे में पता चला। इतनी जल्दी क्या थी? रुक जाती, तो हम भी नाच लेते बारात में...'

'जानेमन...एक बार फिर से कर लेंगे। तुम बताओ...'

'गुड न्यूज़ है। एकाध वीक में बाहर हो रहे हैं...'

ममता के मुँह से बरबस सीटी–सी निकल गयी और वह कूदकर गौरव से सबके सामने लिपट गयी, 'सॉरी पार्टनर। इमोशंस पर क़ाबू नहीं रहा। क्या न्यूज़ है! देखो गौरव, ज़्यादा चींचपड़ नहीं करना, सीधे घर चले आना। एड्रेस तो तुमको पता ही है। गेस्ट रूम वैसे ही है, खाली।'

'बड़ी दरियादिली दिखा रही है...हस्बैंड को पता है आपका जानेमन जेल याफ्ता है?'

'गौरव, पूरे बौड़म हो तुम। अभी तक समझ नहीं पाये हमको। एक बार जिसका हाथ पकड़ लेते हैं न, छोड़ते नहीं हैं। उसकी चिन्ता मैं करूँगी, तुम नहीं...'

गौरव आजकल बहुत जल्दी इमोशनल होने लगा है, 'ममता, आप जैसे फ्रेंड से सही में बड़ा हौसला मिलता है...हमने तो अपनी लाइफ़ का कुण्डा करने में कोई कसर नहीं छोड़ा। पता नहीं, आगे क्या करेंगे?'

'शनि की तुम पर बड़ी गन्दी वाली नज़र है जानेमन। हर वीक सेटरडे को तुमसे हम पीपल के पेड़ के नीचे तिल के तेल का दिया जलवाया करेंगे...'

गौरव ज़ोर से हँसा, 'ये सब भी करना पड़ेगा क्या? कॉमरेड...हमारी औकात यही रह गयी है...'

ममता हँसने लगी, 'मज़ाक़ कर रही थी गौरव। पर सच में। मेरे पास आने में ज़रा भी संकोच न करना। आज भी वैसी ही हूँ...मिल बाँट कर कभी चाइनीज़ तो कभी लिट्टी–चोखा खा लेंगे।'

गौरव ने हाँ कहा।

'एक बात और...शौकत, मेरा शौहर प्रोडक्शन कम्पनी खोल रहा है। ऑनलाइन न्यूज़ पिक बनायेगा। तुम चाहो तो उसके लिए भी काम कर सकते हो...'

गौरव के चेहरे पर सालों बाद अच्छी वाली स्माइल आयी। वह बस थैंक्यू नहीं कह पाया।

गौरव ने पढ़ा था, फ़िल्मों में देखा था, जेल से निकलने के बाद धरती को चूमते हुए, आकाश की तरफ़ चुम्मा उछालते हुए।

गौरव ने ऐसा कुछ नहीं किया। करने का जी भी नहीं हुआ। एक सूटकेस और एक किटबैग। कल ही उसने ठीक से दाढ़ी बना ली थी। बाल भी कटवा लिये थे। जीन्स, टी–शर्ट और गॉगल पहनकर उसने तिहाड़ के बाहर क़दम रखा।

खुला हुआ दिन। सूरज की एकदम तेज़ रोशनी।

सड़क पार कर उसने ऑटो रोका और कहा मयूर विहार।

आटो में बैठने के बाद नोटिस किया, दिल्ली कितनी बदल गयी है। नये मेट्रो स्टेशन, सड़क पर भागती ओला–उबर टैक्सी। जाने–पहचाने रास्ते। बस सड़क के होर्डिंग बदले–बदले हैं, फ़िल्मों के पोस्टर कुछ अलग हैं। पद्मावत का बड़ा–सा पोस्टर। दीपिका पादुकोण का दमदमाता चेहरा। इति...

वही पुरानी बिल्डिंग। वही आस–पड़ोस। बस कुछ नयी दुकानें नज़र आ रही हैं। सड़क पहले के मुक़ाबले साफ़ दिख रही है।

बिल्डिंग के नीचे सिक्योरिटी गार्ड बैठने लगा है। गौरव ने उसे अपना नाम बताया। गार्ड ने इंटरकॉम पर फ़ोन लगाया। कुछ सेकंड बाद कहा, जाइए।

गौरव ने राहत की साँस ली और अपना सामान उठाकर सीढ़ियाँ चढ़ने लगा।

दरवाज़े पर घण्टी बजाने की ज़रूरत नहीं पड़ी। श्रुति खड़ी थी, रूहान उसके पीछे।

गौरव अन्दर आ गया। घर का लेआउट बदल गया था। किचन की दीवारें ग़ायब, ओपन किचन टाइप। ड्राइंग रूम में साइड में बड़ा–सा दीवान, बालकनी ग़ायब।

गौरव ने सामान अन्दर रखा। उसकी आँखें किसी को तलाश रही

थीं। बेसब्री से। बेताबी से। वह शायद हाँफने लगा था।

एक अधेड़ उम्र की महिला उसे पानी का गिलास पकड़ा गयी। गौरव ने गटागट पीकर गिलास टेबल पर रख दिया।

श्रुति ने पूछा, 'जीजू, चाय पियेंगे? अरविन्द भी आ रहे हैं थोड़ी देर में। लंच सब साथ करेंगे।'

जिस 'सबकी' बात हो रही है, वह कहाँ है?

सामने दीवार पर पापाजी की बड़ी–सी फ़ोटो थी, फूलों की माला थी फ़ोटो पर। हँसते हुए पापाजी। टेबल पर मम्मीजी का फ़ोटो फ्रेम। उसके सामने अगरबत्ती जल रही थी।

उस क्षण गौरव को लगा, अब इस परिवार में वह कभी पहले की तरह अपनी जगह नहीं बना पायेगा। उसकी वजह से बहनों के पेरेंट्स नहीं रहे...वही तो है कल्प्रिट...

उसका उत्साह एकदम से ठण्डा पड़ने लगा। चेहरे पर उदासी–सी छाने लगी। मन हुआ, उठकर वहाँ से कहीं चला जाये, दूर कहीं, सबसे दूर...

लेखक तुम ही बताओ आगे क्या होगा?

ऐ ज़िन्दगी, गले लगा ले...

गौरव की तरह हम सब बेताब हैं यह जानने के लिए कि आख़िर उस दिन हुआ क्या? इति गौरव से मिली? मिली तो कैसे मिली? हाथ मिलाकर, गले लगकर, दूर से, रोती हुई, गुस्साती हुई...कुछ न कहकर, कुछ कहकर...

गौरव का अपने ऊपर गुस्सा होना, लानत–मलामत बरसाना जायज़ है। लाइफ़ को हमेशा नॉन सीरियस लेने वाले बन्दे की जब फटती है न, तो ज़िन्दगी में न सीखे तमाम लाइफ़ स्किल्स याद आने लगते हैं। दिक़्क़त है न हम सबकी...किसी घर में, स्कूल में, कोचिंग सेंटर में, कॉलेज में, ज़िन्दगी का सबसे इम्पॉर्टेंट लेसन सिखाया ही नहीं जाता। ज़िन्दगी में जब हार मिलती है, सब कुछ झण्ड हुआ जाता है, तो कैसे निकला जाये इस मेस से... यही नहीं पता होता!

मुग़ालते तो हम और भी पालते हैं...लोगों के बदल जाने की...क्या मोनू बदला? इति बदली? श्रुति बदली? तो गौरव से क्यों एक्सपेक्ट कर रहे हैं कि वह बदल जायेगा? सिर्फ़ इसलिए कि वह तिहाड़ रिटर्न्ड है? मन कर रहा है आज ज्ञान की बात कर ही डालूँ। बुद्धं शरणं गच्छामि कीजिए। आ गये न बोधि वृक्ष के नीचे? क्या फ़ील हो रहा है? राइट। सही पकड़ा... कभी कोई बदलता नहीं है। ऐसा फ़िल्मों में और रोंदू टाइप स्टोरीज़ में होता है। लौट के बुद्धू घर को आये, सुबह का भूला शाम को घर आता है, टाइप बातें असली वाली लाइफ़ में फुस्स निकलती हैं। बॉटम लाइन तो यही है बन्धु कि आपको जब यह एहसास होने लगे न कि आप बदल गये हैं, फ़ौरन अपने सबसे क्लोज बड्डी से पूछ डालिए, वह बतायेगा कि चू...तू बिलकुल वही है, ये जो तू सोच रहा है न कि बदल गया है वगैरह, वह भी तेरा पुरानापन है।

ज्ञान की इतनी सारी बातें इसलिए कि आप उम्मीद न करें कि अपना हीरो जो ऑलरेडी बहुत धक्के खा चुका है, अब वो सीरियस, रिस्पॉन्सिबल और जीनियस हो गया है।

इस चंडुपंती में न पड़ें। चलिए आगे की कहानी में घुसते हैं...

तिहाड़ रिटर्न गौरव बैठा है, अपने इन लॉज के पुराने वाले घर में, जहाँ अपनी वाइफ़ इति के साथ उसने कुछ अच्छे दिन निकाले थे। अपनी मिट्टी पलीद ख़ुद ही कर रहा है। हाथ में चाय का कप आ चुका है। सालों बाद अदरक वाली घर की चाय। लम्बा–सा घूँट भरा उसने। मुँह में अच्छा–सा टेस्ट बसने लगा। पुराने दिन याद आने लगे जब इस तरह की चाय पीने के लिए कोई मशक़्क़त नहीं करनी पड़ती थी। पुराने दिनों की याद से थोड़ा–सा मोरल अप हुआ। मठरी और चाय ने च्यवनप्राश का काम किया। वह सीधा होकर बैठा। चाय ख़त्म करने के बाद इतनी हिम्मत आ गयी कि उठकर खिड़की के पास चला गया।

ज्ञान और सस्पेंस के बाद असली सीन...

श्रुति कमरे में आयी। कुछ रुककर बोली, 'इति दी न मोनू भैया के घर गयी हैं। अभी बात हुई मोनू भैया की मिसेज़ से। निकल रहे हैं...'

मोनू भैया? मसख़रा मोनू?

गौरव के चेहरे पर कन्फ्यूजन देखकर श्रुति ने कहा, 'जीजू, आप तो जानते हैं न मोनू को? दी के फ्रेंड? उन्होंने कहा था वे दी को समझायेंगे...'

'किस बारे में?' गौरव अभी भी कन्फ्यूजिया रहा था।

'मोनू और उनकी वाइफ़ से अच्छी पटती है दी की। वे उनकी बात मानती हैं। एक सीक्रेट शेयर करूँ जीजू...मम्मी जब बेड पर थीं, तो मोनू भैया आये थे। वे इति से कहने लगे, दूसरी मैरिज कर लो। पता है, दी नाराज़ हो गयी। कहने लगी, इस लाइफ़ में एक ही मैरिज काफ़ी है। मुझे अच्छा लगा सुनकर। मोनू अपने किसी डिवोर्सी फ्रेंड से मिलाना चाहते थे दी को। पर दी ने तो साफ़ मना कर दिया। मम्मी ने कहा भी मोनू भैया को, गौरव साफ़ दिल का बन्दा है। ग़लती तो सबसे होती है। पनिशमेंट भी तो उसे मिली है। मम्मी बाद में आपको याद करके बहुत इमोशनल होने लगी थीं...दी से कहती थीं, माफ़ कर दे उसे। बहुत झेल लिया। दी तब रो पड़ती थीं। साल भर पहले तक न दी गुस्सा होतीं, तो आपका नाम लेकर बड़बड़ातीं। लास्ट ईयर से थोड़ा बदल रही हैं। पिछले साल करवा चौथ वाले दिन मेरे घर पर थीं... दी ने कुछ कहा नहीं, पर मैंने

देखा दिनभर कुछ खाया नहीं। रात को देर तक चाँद को देखती रहीं।'

गौरव का दिल भारी हो गया। किसी से कुछ कहा नहीं गया। दिल भारी, दिन भारी। दिन के कुछ घण्टे कितने भारी से लग रहे हैं। कौन किसको समझा रहा है, किसका क्या रोल है, कुछ समझ नहीं आ रहा।

सेकेंड, मिनट, घण्टे....

श्रुति ने फिर आकर पूछा है गौरव से, 'चलिए न जीजू, आप खाना खा लीजिए। लगता है, सबको देर हो रही है।'

मोबाइल फ़ोन का ज़माना है, व्हाट्सएप जैसी चीज़ भी शुरू हो गयी है, पता तो लगा ले, सब कहाँ अटक गये?

गौरव ने पूछा नहीं। श्रुति उसे गोल टेबल पर ले आयी है। टेबल पर तीन प्लेट। श्रुति, रूहान और गौरव के लिए। बहुत सारी चीज़ें बनी हैं। पर गौरव की निगाहें दाल–चावल और आलू की भुजिया पर अटक गयी है। धनिये की चटनी और मिर्च का अचार सबसे पहले प्लेट में डाला है। श्रुति कह रही है, कड़ाही पनीर, रसे वाली अरबी, बैंगन का चोखा, पूरी... आप नहीं ले रहे।

गौरव ने नहीं में सिर हिलाया है और पूरी तल्लीनता से बस दाल–चावल और भुजिया खा रहा है।

आपने देखा नहीं, उसकी आँखें चमक भी रही हैं और बरस भी।

इस बीच श्रुति बहुत कुछ बताती जा रही है, कैसे अरविन्द उसका और रूहान का बहुत ध्यान रखता है, कैसे वह एक हैंड्स ऑन फ़ादर है, कैसे वह अरविन्द के बारे में ग़लत समझती थी...

'ही इज़ सच अ मैच्योर्ड मैन जीजू। मैं कितनी स्टुपिड थी न... एकदम चाइल्डिश। पता है, जिस दिन काण्ड हुआ था, उस दिन अरविन्द रात भर नहीं सोया। बस यही कहता रहा कि गौरव इनोसेंसी में मारा गया... अरविन्द ने देखा था न सबकुछ, ही सॉ... एवरीथिंग।'

गौरव ने सिर हिलाया।

'पता है जीजू...जिस दिन आपने अपनी कम्पनी डिजॉल्व करके अमाउंट दी को देने को कहा था न, अरविन्द बहुत इमोशनल हो गये। बोले, ही हैज़ मिस्टेकेन बाय एवरीवन...'

गौरव ने कुछ नहीं कहा, वह तो कोर्ट से जब तिहाड़ जा रहा था, इसी सोच के साथ कि कैसे इति को उसके पैसे वापस करे। वह तो करना ही था...पैसे तो इति के ही थे...अरविन्द ही था साथ में, उससे ही कहा... न कहता तो इस गिल्ट के साथ वह पाँच साल कैसे गुज़ार पाता?

'आप ठीक से खा नहीं रहे जीजू? अच्छा नहीं लगा क्या?'

गौरव के चेहरे पर हल्की–सी स्माइल आयी, मुँह का कौर अन्दर करने के बाद बोला, 'इतने सालों में, खाते समय न हमारी बात करने की आदत चली गयी। सबकुछ बहुत अच्छा है...बहुत सारी चीज़ें हैं न साली साहिबा, बाद में खायेंगे...धीरे–धीरे...'

अब परदा उठने को है। अरविन्द आ गया है। गौरव से गले लगने के बाद 'वेलकम होम' कहा है। थोड़ी–सी उम्मीद बँधी जैसी दिख रही है।

शाम ढलने को है। एक बार फिर चाय। समोसा।

गौरव से खाया नहीं जा रहा।

आख़िरकार।

श्रुति ने दरवाज़े की घण्टी बजते ही कुछ तेज़ आवाज़ में कहा, 'लगता है इति आ गयी...'

गौरव सौ तोपों की सलामी देने को खड़ा हो गया है।

मोनू ने एंटर किया। गौरव को देखकर आगे आया, कन्धे पर हाथ मारकर गले मिला, 'क्या यार...'

पीछे एक अनजानी–सी लड़की। मोनू ने इंट्रोड्यूस करवाया–मेरी वाइफ़...तुम मिले हो पहले भी।

गौरव को पता ही नहीं चला कब ग्रे कलर के सूट में इति आ गयी कमरे में। इति, उसकी इति, बॉम्बशेल इति, हॉट इति।

लाइफ़ ने उसे भी कम हिचकोले नहीं खिलाये। चेहरे पर, शरीर पर दिखने लगा है। बालों का जूड़ा–सा बना रखा है। हल्का–सा वजन बढ़ गया है। चेहरा, सूना–सूना।

गौरव से हिला नहीं गया। लगा अभी रो पड़ेगा।

कमरे में लगभग पूरा परिवार था। रूहान इति से लिपटकर कुछ कह रहा था, इति उसकी बात सुनने के लिए ज़मीन पर बैठ गयी।

मोनू गौरव को कन्धे से पकड़कर एक ओर ले गया, 'यार...मैं कल से सोच रहा हूँ तेरे बारे में...इति बहुत अकेली पड़ गयी है। तुझे लेकर अभी भी अपसेट है। बहुत समझाया यार...लगता है कुछ–कुछ समझी है...बट शी नीड्स टाइम...। अच्छा बता...क्या सोचा है? क्या करना है? फिर से वही बिज़नेस?'

गौरव ने सिर उठाया, उसे कुछ समझ नहीं आ रहा है।

'मैंने इति को आइडिया दिया था...प्ले स्कूल खोलने का। वह हाँ–हूँ कह के टाल रही है। अब तो तू आ गया है, सँभाल लेना...मैंने भी फ्रेंचाइजी ले रखी है, मेरी वाइफ़ देखती है काम। कर लेगा न? इति को काम में लगा ब्रो। बहुत आलसी हो गयी है...बैंक से इंटरेस्ट आ जाता है हर महीने, कहती है, इट्स इनफ... समझा उसको।'

गौरव को मोनू की बात समझने में देर लगी।

रूहान को तसल्ली से समझाने के बाद इति उसकी तरफ़ आ रही है... उसका एक–एक आगे बढ़ता क़दम गौरव के दिल की धड़कनें बढ़ा रहा है।

गौरव आगे बढ़ता है, अपना हाथ आगे बढ़ाता है, गले मिलने की कोशिश करता है...

दोनों ऑकवर्ड फ़ील कर रहे हैं। बस हल्के–से गौरव ने इति का हाथ छुआ है। बहुत कुछ कहने जैसा...

इति थोड़ा नॉर्मल लग रही है। बस थकान–सी नज़र आ रही है चेहरे पर। शायद रात को वह भी सो नहीं पायी है। आगे बढ़कर वह गौरव और मोनू के बीच आ गयी है, 'फिर से बिज़नेस? नो...मेरे सामने बिज़नेस का नाम भी मत लेना। नेवर...'

मोनू के चेहरे पर खीझ है। एटलास्ट गौरव हल्का–सा मुस्कराया है।

...लाइफ़ का नया चैप्टर शुरू हो रहा है, इसमें पुरानी गलतियों को रिपीट करने की कोई जगह नहीं है...नयी होती है, होती रहे...उससे भी कोई कहानी तो बन ही जायेगी...